Hohe Tatra

Stanislav Samuhel

Bergwanderungen in der Hohen Tatra

50 ausgewählte Wanderungen
in der Hohen Tatra

Mit 56 Farbfotos
und 50 farbigen Freytag & Berndt-Wanderkärtchen im Maßstab 1: 50 000

BERGVERLAG RUDOLF ROTHER GMBH • MÜNCHEN

Umschlagbild:
Der See Popradské pleso,
im Hintergrund die Spitze Kôprovský štít, rechts der Volovec

Bild gegenüber dem Titel (Seite 2):
Eine Weide im Tal dolinka Bieleho potoka, dahinter die Kolový štít

Sämtliche Fotos vom Autor,
ausgenommen die Fotos der Seiten 26, 55 (M. Legutky) und 106 (J. Bobula)

Wanderkärtchen im Maßstab 1: 50 000:
© Freytag & Berndt, Wien

2. Auflage 1994

ISBN 3-7633-4049-1

Gesamtherstellung Rother Druck GmbH, München

(2387 / 31058)

BERGVERLAG ROTHER

D-80637 München • Landshuter Allee 49 • Tel. (089) 122130-10

Vorwort

Die Hohe Tatra ist das einzige Gebirge in der Slowakei, das alpinen Charakter hat – obwohl es zu den kleinsten Gebirgen Europas gehört. Die stark gegliederte Form seiner Gipfel verdankt die Hohe Tatra den Gletschern, die sie bereits vor Jahrtausenden gestalteten. Infolge einer Klimaerwärmung schmolzen die Talgletscher nach und nach völlig ab. Somit verschwand das natürliche Hindernis, mit Hilfe dessen sich die Berge vor den Einflüssen der Zivilisation lange schützen konnten.

Die Hohe Tatra wurde somit leicht zugänglich, die Menschen begannen ins Gebirge einzudringen, und während der letzten 200 Jahre wurde die Hohe Tatra in dem Maße zugänglich gemacht, daß sie heute ein beliebtes Feriengebiet darstellt. In die Täler führen bequeme Wanderwege, über mehrere Sättel Übergänge, und zwanzig Gipfel sind auf markierten Steigen erreichbar. Auch dem erholungssuchenden Touristen bieten sich viele Möglichkeiten, die Tatra kennenzulernen. Der höchstgelegene Kurort der Hohen Tatra, Štrbské Pleso, 1355 m, ist mit dem Pkw und einer Bergbahn zu erreichen, die Aussichtshöhe Hrebienok, 1285 m, durch eine Bodenseilbahn, das Gebirgstal Skalnatá dolina, 1751 m, durch zwei Seilbahnen, und eine weitere Seilbahn endet auf dem zweithöchsten Gipfel der Hohen Tatra, auf dem Lomnický štít, 2632 m. Am Bergsee Velické pleso befindet sich in einer Seehöhe von 1670 m ein Berghotel und am Fuße des Sattels sedlo Váha, 2250 m, eine Hütte. Auf die Hänge des Solisko, 1830 m, und unter den Sattel Lomnické sedlo, 2125 m, kann man mit einem Sessellift hinaufgelangen. Von dort aus sind die Grate der Hohen Tatra, die hie und da eine Höhe von 2500 m überragen, leicht zu erreichen, so daß es auch weniger geübten Touristen möglich ist, schöne Aufstiege ohne längere Anmärsche zu unternehmen.

Mit der Entwicklung des Fremdenverkehrs, vor allem nach dem Jahre 1945, begann sich die Besucherzahl der Hohen Tatra sehr zu erhöhen, was auch zwei unerwünschte Phänomene mit sich brachte: Schäden in der Natur und mehr Unfälle in den Bergen. Um dem Einhalt zu gebieten, wurde im Jahre 1949 der Tatra-Nationalpark gesetzlich verankert, und im Jahre 1950 wurde der Bergdienst gegründet. Zu ihren Aufgaben gehören der Naturschutz und die Erhaltung der Naturschönheiten in diesem Gebiet, die Sorgfaltspflicht über das Wegenetz und die Sicherheit der Besucher im Gebirge sowie der Bergrettungs- und Bergführerdienst. Die Hohe Tatra ist leicht zu erreichen, das sollte aber nicht dazu führen, daß man seine eigenen Fähigkeiten überschätzt. Nur wer dem eigenen Können angemessene Wanderungen und Bergtouren unternimmt, wird das eigentliche Ziel eines Aufenthalts in der Hohen Tatra erreichen: die Schönheit der Berge kennenzulernen, sich dabei gut zu erholen und eine ungetrübt schöne Zeit zu verleben.

Tatranská Lomnica, im Frühjahr 1994 — Stanislav Samuhel

Inhaltsverzeichnis

Touristische Hinweise

Zum Gebrauch des Führers

Das Inhaltsverzeichnis informiert über die Ziele der einzelnen Bergtouren, welche nach Ausgangspunkten von Westen nach Osten fortschreitend gegliedert sind. Bei jedem Tourenvorschlag werden die wichtigen Informationen zuerst in Schlagworten angeführt, anschließend folgt die ausführliche Tourenbeschreibung. Der Verlauf der Route ist auf der beigefügten Karte dargestellt. Ein Farbbild gibt den Charakter des Tourenzieles und seiner Umgebung wieder. Ein wichtiger Bestandteil des Führers ist das Sachregister am Ende des Buches. Dort sind alle Tourenziele, Ausgangspunkte, Schutzhütten, die bedeutenderen Gipfel, Sättel, Täler und Seen angeführt. Dies erleichtert die Orientierung im Gelände.
Einige Touren können auch in gegengesetzter Richtung unternommen werden, oder man kann sie mit einer entsprechenden anderen Route verbinden. Die im Führer beschriebene Richtung ist aber in den meisten Fällen vorteilhafter, eine eventuelle Fortsetzung der Wanderung hängt von der Leistungsfähigkeit der Tourenteilnehmer ab.

Im Tal Mengusovská dolina. Im Hintergrund die Spitze des Satan.

Anforderungen
Die meisten Wanderungen verlaufen auf gut instandgehaltenen und markierten Steigen und Wegen. Dies sollte jedoch nicht darüber hinwegtäuschen, daß manche Stellen Trittsicherheit und Schwindelfreiheit erfordern. Außerdem ist zu beachten, daß die Touren im Frühsommer und nach längeren Schlechtwetterperioden erhöhte Schwierigkeiten aufweisen können. Um die jeweiligen Anforderungen besser einschätzen zu können, wurden die Nummern der Tourenvorschläge mit verschiedenen Farben markiert. Diese Farben erklären sich wie folgt:

BLAU
Der Weg ist gut markiert und überwiegend nur mäßig steil. Diese Spaziergänge können auch von Kindern und älteren Leuten unter normalen Bedingungen (Schönwetter, keine Schneedecke) ohne Gefahr begangen werden, sie erfordern keine besondere Ausrüstung und Kondition.

ROT
Diese Steige sind gut markiert, häufig aber schmal und steil angelegt. Sie sollten nur von trittsicheren, mit entsprechender Ausrüstung ausgestatteten Bergwanderern begangen werden.

SCHWARZ
Die meisten dieser Steige sind ebenfalls ausreichend markiert, aber schmal und über weite Abschnitte steil angelegt. Stellenweise können sie sehr ausgesetzt sein, manchmal wird die Zuhilfenahme der Hände notwendig. Dies bedeutet, daß diese Wege nur von absolut trittsicheren, konditionsstarken und alpin erfahrenen Wanderern angegangen werden sollten.
Nur mit Bergführer erlaubt! Diesen Hinweis unter dem Stichwort »Anforderungen« finden Sie bei vielen »schwarzen« und unmarkierten Touren, die man laut Nationalparkordnung nur mit einem Bergführer unternehmen darf. Zuwiderhandlungen können mit einer Geldstrafe belegt werden! Achtung: Auf manchen Abschnitten dieser Touren ist eine Seilsicherung notwendig!

Ausrüstung
Festes Schuhwerk mit Profilsohle, eine der Witterung angepaßte, bequeme Kleidung, Rucksack mit Pullover, Mütze, Anorak, Regen- oder Sonnenschutz, Proviant und genügend Flüssigkeit (kein Alkohol) sowie Verbandszeug werden zur Mitnahme empfohlen. Lediglich bei Spaziergängen (»blaue« Touren) genügt eine einfache Spazierkleidung.

Gefahren
Eine plötzliche Wetterveränderung, begleitet vom Durchzug einer Kaltfront, kann auch inmitten des Sommers in Höhen über 1600 m die Wanderwege in

ein verschneites Gelände verwandeln. Aus diesem Grunde muß man bei den ersten Anzeichen einer Wetterverschlechterung aus den höheren Lagen rechtzeitig zurückkehren. Außerdem bleiben auf manchen Leehängen, hauptsächlich auf Nord- und Osthängen, Firnfelder bis in den Frühsommer erhalten und machen die Bergtour undurchführbar. Über die Schneeverhältnisse und die Gangbarkeit des Geländes kann man sich beim Bergdienst des TANAP entweder persönlich oder telefonisch in Starý Smokovec informieren.

Karten

Zu jedem Tourenvorschlag ist eine Karte mit eingezeichnetem Routenverlauf beigefügt. Dieser Kartenausschnitt genügt, um die Tour durchzuführen. Zur besseren Übersicht über das ganze Gebirge sowie über eventuelle Verbindungsmöglichkeiten mit anderen Touren wird die Sommertouristenkarte der Hohen Tatra empfohlen, auf der die markierten Steige mit den der Markierung im Gelände entsprechenden Farben (rot, blau, grün, gelb, schwarz) eingetragen sind. Beim Abschätzen der Tourendauer muß daran gedacht werden, daß nicht die Entfernung, sondern die Steilheit und die Schwierigkeit vor allem im felsigen Gelände entscheidend sind. Aus diesem Grunde sind auf den Wegtafeln des Nationalparks die Zeitangaben in Stunden und nicht die Entfernung in km angeführt. Die Sommertouristenkarte kann man nur während des Zeitraumes ohne Schneedecke anwenden.

Gehzeiten

Die Zeitangaben entsprechen dem Wandertempo eines durchschnittlichen Touristen. Sie geben nur die reine Gehzeit ohne notwendige Pausen und Rasten wieder. Es wird die Gesamtdauer angeführt sowie die Gehzeit für einzelne Etappen.

Schutzhütten und Seilbahnen

Im Hinblick auf die geringen Tallängen der Hohen Tatra ist es nicht unbedingt notwendig, in den Schutzhütten, die während der Sommersaison bewartet sind, zu übernachten. Wer aber auf der Schutzhütte mehrere Tage lang bleiben möchte, muß sich den Aufenthalt im voraus über ein Reisebüro sichern. Fast jede Schutzhütte hat Telefonverbindung. Außerhalb der Saison, vom Herbst bis Weihnachten und manchmal auch im Frühling, sind die Schutzhütten geschlossen. Dasselbe gilt auch für die Seilbahnen.

Die Staatsgrenze

Annähernd ein Fünftel der Hohen Tatra befindet sich auf polnischem Gebiet. Die Staatsgrenze verläuft von Westen auf dem Hauptkamm bis zum Gipfel Rysy, weiter auf dem Nebenkamm nordwärts ins Tal Bielovodská dolina. Sechs der beschriebenen Touren berühren diese Grenze, und zwar: Hladký štít (Tour 2), Mengusovské sedlo (Tour 10), Rysy (Tour 11), Bielovodská dolina

Ein typisches Tal der Hohen Tatra mit einem gegliederten Kamm im Talschluß.

(Tour 42), Hrubý štít (Tour 45) und Svinica (Tour 50). Ein Überschreiten der Staatsgrenze im Gelände ist nicht gestattet! Die Grenze darf man nur an den Stellen hinübergehen, wo sich eine Zoll- und Paßkontrolle befindet. In der Hohen Tatra ist dies nur am Grenzübergang Lysá Pol'ana möglich. Sollte es dennoch vorkommen, daß aufgrund von Schlechtwetter, Unfall oder Verirren jemand auf fremdes Gebiet gelangt, besteht die Pflicht, sich bei den dortigen Grenzbehörden anzumelden.

Tips für den Bergwanderer

- Wählen Sie nur eine Tour, die Ihren Fähigkeiten entspricht.
- Über den aktuellen Zustand der Wege informieren Sie sich im vorhinein.
- Vor einer längeren Tour verständigen Sie Ihren Unterkunftsort über Ihr Tourenziel und teilen die vorhergesehene Zeit Ihrer Rückkehr mit.
- Beginnen Sie die Tour morgens und gehen Sie niemals allein. Eine entsprechende Ausrüstung und eine Beobachtung der Wetterentwicklung ist die Garantie Ihrer Sicherheit.
- Falls Sie ohne Führer gehen, verlassen Sie die markierten Steige nicht.
- Betreten Sie die Schneefelder im Sommer nicht. Falls der Steig im Gelände oberhalb der Waldgrenze mit Schnee bedeckt ist und keine Stangenmarkierungen vorhanden sind, wird er als nicht markiert betrachtet, und man sollte die Tour nicht weiter fortsetzen.

Regeln für die Besucher des Tatra-Nationalparks

Das ganze Gebiet der Hohen Tatra, einschließlich der Gebirge Belianske Tatry, Belaer Tatra und Západné Tatry sowie der Westlichen Tatra, wurde zum Tatra-Nationalpark erklärt.
Damit sind für den Besucher das Wandern und der Aufenthalt in diesem Gebiet an Vorschriften und Anordnungen gebunden, die vor allem dem Naturschutz und der Erhaltung der Naturschönheiten dienen. Diese Vorschriften sind in der »Besucherordnung des TANAP« sowie im Verzeichnis der Touristensteige, die saisonmäßig gesperrt sind, enthalten. Der wesentliche Punkt der Besucherordnung ist die Beschränkung der erlaubten Wanderungen auf die offiziellen, markierten Wege. Das bezieht sich selbstverständlich nicht auf die öffentlichen Verkehrswege, auf die Siedlungen und ihre unmittelbare Umgebung. Diese Beschränkung ist auch im polnischen Nationalpark gültig.
Die Wege und Steige sind mit einem Zeichen markiert, das aus drei waagerechten Streifen besteht, wobei der mittlere Streifen farbig, die beiden äußeren weiß sind. Abseits der markierten Wege und Steige dürfen Touristen nur mit einem Bergführer wandern, ausgenommen Bergsteiger, die mit einem gültigen Ausweis ihres nationalen Alpenvereins (SAC, DAV, ÖAV, CAF, CAI und andere) Klettertouren unternehmen.
Im Winter und Frühling, meist in der Zeit vom 1. November bis 30. Juni, sind manche markierten Wege und Steige gesperrt. Will man außerhalb der Sommersaison eine Tour antreten, wird empfohlen, sich beim Bergdienst in Starý Smokovec, Telefonnummer 2820, zu informieren. Die Besucherordnung sowie das vollständige Verzeichnis der gesperrten Wege sind im Museum des TANAP in Tatranská Lomnica oder im Gebäude des Bergdienstes in Starý Smokovec erhältlich, wo man sich auch einen Bergführer bestellen kann. Für Bergsteiger sind andere, besondere Vorschriften gültig. Über die Vorschriften, die für den polnischen Nationalpark TPN gültig sind, kann man sich bei der Informationsstelle des TPN Zakopane an der Kreuzung »Rondo« informieren.

Wissenswertes

Berge und Täler

Die Hohe Tatra, das höchste Gebirge des 1200 km langen Karpatenbogens, befindet sich in der Nordslowakei und unterscheidet sich in markanter Weise durch seine felsigen Grate von den angrenzenden Gebirgen mit ihren grasbewachsenen Bergrücken. In westlicher Richtung, vom Sattel Ľaliové sedlo wird es als Westliche Tatra – Západné Tatry – bezeichnet, mit dem höchsten Gipfel Bystrá, 2248 m; in östlicher Richtung, vom Sattel Kopské sedlo, als Belaer Tatra – Belianske Tatry – mit dem Havran, 2152 m. Der Hauptkamm der Hohen Tatra hat eine Länge von 26 km und bildet mit den Nebenkämmen mehr als 30 Täler. Vier Täler auf der Nordwestseite liegen auf polnischem Gebiet. Die Hohe Tatra beherrschen fünf große Gipfel. Es sind dies in west-östlicher Richtung der Kriváň, 2494 m, dann die Zierde des Gebirges, der Vysoká, 2560 m, in der Mitte dieser Gebirgskette der höchste Gipfel Gerlachovský štít, 2655 m, im Nordosten der mächtige Ľadový, 2627 m, und im Osten der Gipfel des Lomnický štít, 2632 m. Die überwiegende Zahl der Berggipfel hat scharfe, zerklüftete, felsige Grate und fällt mit steilen Felswänden ins Tal hinab. Auf manche dieser schroffen Gipfel führt aber wenigstens von einer Seite her eine gangbare Aufstiegsroute, die es ermöglicht, daß auch Wanderer den Gipfel erreichen können. Diese Gipfel sind deshalb beliebt, und die Touren auf sie sind auch in diesem Führer enthalten.

Der Hauptkamm hat die Form eines Halbbogens, der von Nordwesten nach Südosten zieht und sich in seiner Mitte in südlicher Richtung wölbt. Senkrecht zu dieser Richtung verläuft die Achse der meisten Täler. Die Täler wurden einst von den Gletschern geformt, sie haben einen breiten Talboden, von der Talmündung bis in den Talschluß steigen sie nicht allmählich, sondern stufenartig an, wobei sich flache Terrassen bilden, die voneinander durch steile Schwellen getrennt sind. Auf den Terrassen kann man zweierlei Seentypen beobachten: Karseen, die sich gewöhnlich in höher gelegenen Felskesseln, die durch Gletscher ausgehöhlt wurden, befinden, und Moränenseen auf Naturwällen, die von Gesteinsanhäufungen durch Gletscher hauptsächlich in den Talmündungen gebildet wurden. Auf der slowakischen Seite sind die zwei größten Seen Veľké Hincovo pleso und Štrbské pleso, beide mit einer Fläche von 20 ha, während sich im polnischen Teil der Hohen Tatra noch größere Seen finden. Der größte, Morskie Oko, hat eine Fläche von 35 ha und der tiefste, Wielki Staw, eine Tiefe von 79 m. Es gibt mehr als 100 Seen, viele davon im Tal Veľká Studená dolina. Die Seen sind die Perlen der Hohen Tatra, sie beleben mit ihrem Wasser die einzelnen Täler. Viele sind sagenumwoben. Sie haben verschiedene Farben – manche der Seen sind sogar nach diesen Farben benannt. Diese Seen gehören zu den meistbesuchten touristischen Zielen. Auf manchen Stufen zwischen den Terrassen entstanden Wasserfälle der durchfließenden Bäche. Zu den bekanntesten gehören der etwa 25 m hohe Wasserfall Skok sowie die Wasserfälle des Gebirgsbaches Studený potok. Zu den höchsten gehören die Wasserfälle Kmeťov vodopád und Český vodopád sowie der 70 m hohe Siklawa auf polnischem Gebiet.

Pflanzenwelt

In den niedrigsten Lagen des Vorgebirges, unterhalb von 800 m, befindet sich die submontane Stufe mit landwirtschaftlich genutzten Flächen. Von der unteren Waldgrenze, die im großen und ganzen auch die Grenze des Tatra-Nationalparkes bildet, erstreckt sich die Stufe der Nadelwälder: überwiegend Fichtenwälder, auf den Südwesthängen der Hohen Tatra mit Lärchen durchsetzt, im östlichen Teil mit Tannen und in höheren Lagen mit Zirbelkiefern, die eine Zierde dieser Wälder bilden. Die Zirbelkiefer hat in den Tallagen eine Kronenform und erreicht ein Alter von einigen hundert Jahren. Vereinzelte Bäume, die hoch auf Felsabstürzen wachsen und dem Wind ausgesetzt sind, haben auch Fahnenform. Bei Kalksteinböden kommen Buchen und Ahorne vor, besonders zwischen der Hohen und Belaer Tatra. Die obere Waldgrenze verläuft auf der Südseite des Gebirges in 1550 m Höhe, auf der Nordseite etwa in 1400 m. Oberhalb der Wälder erstreckt sich die subalpine Stufe, wo überwiegend die Latschenkiefer wächst. Dort befinden sich auch Hochgebirgswiesen mit einer reichhaltigen Pflanzenwelt. Über 2300 m ist das Gelän-

Die verschneiten Gipfel der Hohen Tatra nach einer sommerlichen Kaltluftperiode.

Der östliche Teil der Hohen Tatra mit den Gipfeln Kolový, Kozí und Jahňací štít.

de felsig, Pflanzen werden rar. Auf dem Gipfel Gerlachovský štít und in seiner Umgebung fanden Botaniker trotzdem noch etwa 20 Pflanzenarten.

Tierwelt

In der Hohen Tatra sind außer den Füchsen alle Tiere gesetzlich geschützt. In den Wäldern überwiegt das Rotwild, Rehwild dagegen gibt es weniger, vereinzelt kommt hier der Luchs vor. Im Vorgebirge lebt häufig das Schwarzwild. Während der letzten Jahrzehnte vermehrten sich die Bären, zeitweise kann man diese Pflanzenfresser auch auf Touristensteigen treffen. Oberhalb der Wälder ist das Reich der Gemsen und Murmeltiere. Diese Tierarten haben in der Vergangenheit sehr durch den übermäßigen Touristen- und Skiverkehr in den Tälern gelitten. Als ihre Zahlen bedenklich sanken, schloß die Tatra-Nationalparkverwaltung einige Täler oder Teilgebiete für den Zeitraum vom 1. November bis 30. Juni. Den Zählungen der Förster zufolge leben im Gebiet der Hohen Tatra fast 600 Gemsen und 800 Murmeltiere. In den unzugänglichen Felswänden haben etwa 6 Adlerpaare ihren Horst. Auf den Berggipfeln, vor allem auf denen, die von Touristen oft besucht werden, kann man das Wiesel und das Hermelin beobachten, über den Gebirgskämmen kreisen die Kolkraben, in der Nähe von Zirbelkiefern ist der scheue Tannenhäher daheim.

Talorte und Ausgangspunkte

Javorina, 1000 m
Eine kleine Berggemeinde am Fuße des Nordkammes der Gebirge Belianske Tatry und Vysoké Tatry. Sie entstand bei der einstigen Eisenhütte, die zur Hälfte des 18. Jahrhunderts errichtet wurde. In der Gemeinde befinden sich ein Gasthaus und ein Forsthaus. Unweit des Ortes, etwa 1 km entfernt, liegt das Hotel Pol'ana sowie das Jagdschloß, der einstige Sitz des Fürsten Hohenlohe. Das Schloß wurde Ende des 19. Jahrhunderts erbaut. Am westlichen Ortsrand liegt eine Skiwiese mit einem Skilift, unter dieser befindet sich eine Holzkirche.
Javorina ist Ausgangspunkt zu Touren in die Täler Javorová dolina und Zadné Med'odoly. Busverbindung. Nach Tatranská Lomnica 27 km, zum Grenzort Lysá Pol'ana (Staatsgrenze Slowakei/Polen) 3 km.

Lysá Pol'ana, 970 m
Kleine Siedlung an der slowakisch-polnischen Grenze in der Mündung des Tales Bielovodská dolina. Der kleine Fluß Biela voda, der die Grenze bildet, zerteilt die Siedlung in einen polnischen und einen slowakischen Teil. Im slowakischen Teil befindet sich ein Gasthaus, ein Haus des Tatra-Nationalparkes und das alte Zollamt. Im polnischen Teil befindet sich das jetzige Zollamt und die Tankstelle.
Busverbindung. Entfernung nach Tatranská Lomnica 30 km, nach Zakopane 20 km.

Podbanské, 940 m
Eine touristische Siedlung, Bushaltestelle, Hotel. Der nächste Campingplatz liegt in Vavrišovo, 13 km in SW-Richtung. Nach Štrbské Pleso 17 km.

Starý Smokovec, 1010 m
Der bedeutendste Ort der Hohen Tatra, Sitz der Verwaltung, wurde Ende des 18. Jahrhunderts gegründet. Aus einem ursprünglichen Luftkurort entwickelte sich Starý Smokovec zu einem Touristenzentrum. Er ist Ausgangspunkt zu Bergtouren im zentralen Teil des Gebirges. Es befinden sich hier 5 Hotels, mehrere Erholungsheime, ein Leihhaus für Sportausrüstung, ein Eislaufplatz, der Bergdienst, das Dienstleistungszentrum der Bergführer, ein Informationszentrum des TANAP, das Reisebüro, der Ärztedienst, eine Apotheke, ein Autoservice und ein Warenhaus; ferner eine schöne Holzkirche und zwei Gemäldegalerien.
Der nächstgelegene Campingplatz befindet sich 3 km entfernt in Richtung Poprad. Bodenseilbahn zur Aussichtshöhe Hrebienok. Verkehrsverbindung mit der Bergbahn und dem Bus. Nach Štrbské Pleso 16 km, nach Tatranská Lomnica 6 km, nach Poprad (Bahnstation, Flugplatz) 12 km.

Štrbské Pleso, 1355 m

Ein Luftkurort, der sich auf den Hängen eines Moränenwalles des gleichnamigen Sees unter der Mündung des Tales Mlynická dolina befindet. Im Jahre 1872 wurde hier die erste Schutzhütte errichtet. Der Kurort wurde im Jahre 1881 gegründet, die letzten modernen Bauten stammen aus der Zeit der Skiweltmeisterschaften, die hier im Jahre 1970 veranstaltet wurden. Gegenwärtig gibt es hier 4 Hotels, einige Restaurants, ein Warenhaus, die Endstation der Bergbahn aus Poprad und Tatranská Lomnica sowie der Zahnradbahn von Tatranská Štrba, ein Skizentrum mit Sprungschanzen und Langlaufloipen. Der nächste Campingplatz befindet sich in Tatranská Štrba (8 km). Busverbindung. Nach Starý Smokovec 16 km, nach Podbanské 17 km.

Tatranská Lomnica, 850 m

Ein Badeort, der im Jahre 1892 gegründet wurde. Er befindet sich am Fuße der Lomnický štít. Von den umliegenden Wäldern geschützt, besitzt Tatranská Lomnica von allen Orten der Hohen Tatra das mildeste Klima. Sitz der

Das Dorf Mengusovce mit den Gipfeln Gerlachovský štít und Bradavica.

Tatra-Nationalpark-Verwaltung. Naturschutzmuseum mit einer Ausstellung über Natur, Geschichte und Volkskunde dieses Gebiets, 5 Hotels, 2 Touristenunterkünfte, mehrere Erholungsheime. Am Westrand der Ortschaft ist ein Skizentrum mit zwei Skiliften, Skisprungschanzen, Langlaufloipen. Am nordwestlichen Rand eine kleine neugotische Kirche sowie ein Minigolf-Spielplatz, am nordöstlichen Rand ein botanischer Garten. Südöstlich des Ortes, in Richtung Vel'ká Lomnica, befinden sich 3 Campingplätze, bei denen sich auch ein Autoservice befindet. Bahn- und Busverbindung in mehreren Richtungen, eine Bergbahn. Nach Starý Smokovec 6 km, in den Luftkurort Štrbské Pleso 21 km, nach Lysá Pol'ana, zur Staatsgrenze nach Polen, 30 km. Zum Bergsee Skalnaté Pleso 2 Seilbahnen.

Tatranská Polianka, 1000 m
Ein Luftkurort inmitten von Fichtenwäldern an der Mündung des Tales Velická dolina. Er wurde Ende des vorigen Jahrhunderts gegründet und war bis zum Jahre 1945 durch reges Sportleben bekannt. Gegenwärtig dienen die hiesigen Heilanstalten ausschließlich der Heilung von Atemwegerkrankungen. Restaurant, allerdings ohne Unterkunftsmöglichkeit. Bergbahn, Busverbindung. Nach Starý Smokovec 4 km, in den Kurort Štrbské Pleso 12 km.

Vyšné Hágy, 1100 m
Kurort, der durch die Bergbahn in zwei Teile geteilt wird. Im oberen Teil befinden sich die Heilanstalten, im unteren die kleine Siedlung. Der untere Teil der Siedlung entstand, als Graf Mariássy das erste kleine Touristenhotel erbauen ließ (1891). Die Heilanstalten wurden vom Staat im Jahre 1940 erbaut. Damals war dies die größte Heilanstalt zur Heilung von Lungenkrankheiten in Mitteleuropa. Keine Unterkunftsmöglichkeiten für Touristen. Busverbindung. Nach Starý Smokovec 9 km, nach Štrbské Pleso 7 km.

Zakopane
Eine ausgedehnte Sommerfrische unter den Nordhängen der Hohen und Westlichen Tatra, aufgebaut an hügeligen Wiesen zwischen 800 bis 1000 m Meereshöhe. Mit 30 000 Bewohnern und mehr als zwei Millionen Besuchern jährlich bildet Zakopane das größe touristische Zentrum des ganzen Gebirges. Gegründet am Anfang des 13. Jahrhunderts, hat es sich aber erst nach Ankunft des Pfarrers J. Stolarczyk, der 1850 in dem damals rückständigen Bergdorf die erste Kirche, eine Schule und das Pfarrhaus gebaut hat, schneller weiterentwickelt und ist bis Ende des 19. Jahrhunderts zur »Sommerfrische« und zum Badeort herangewachsen. Gegenwärtig dienen den Besuchern zehn Hotels, eine Unmenge von Privatzimmern, zwei Campingplätze, zwei Zeltplätze, ein Warenhaus, vier Reisebüros, Autoservice – und ein Krankenhaus. Sitz der Verwaltung des polnischen Nationalparks TPN und der Zentrale des Bergrettungsdienstes mit einem Heliport.

Der See Morskie Oko und die Spitze Rysy vom Berg Kepa.

Zu den sehenswerten Objekten gehören vor allem fünf Museen; deren größtes, das »Chalubiński Museum«, befindet sich im Stadtzentrum. Beachtenswert sind viele hölzerne Bauten, besonders die alte Kirche vom Jahre 1850, die Kirche des Apostels St. Johannes aus dem 18. Jahrhundert, die Villa »dom pod Jedlami« vom Jahre 1897 auf dem Koziniec, die Villa »Witkiewiczówna« von 1904 auf der Antalówka und mehrere andere. Im oberen Stadtteil befindet sich das Skizentrum mit zwei Sprungschanzen, gebaut im Jahre 1962 für die Ski-Weltmeisterschaft FIS. Noch weiter südlich führt vom Kuźnice eine vier Kilometer lange Seilbahn bis auf den Hauptkamm zum Berg Kasprowy Wierch. Im unteren Stadtteil liegt die Talstation der Bodenseilbahn zum Berg Gubalówka, von wo man die beste Aussicht auf die Stadt und ihre Umgebung mit der gesamten Kette der Tatraspitzen hat, dominierend unter ihnen der nächstgelegene Giewont, 1984 m, mit einem gut sichtbaren Gipfelkreuz.
Zakopane ist so reich an unterschiedlichen Sehenswürdigkeiten, daß für einen Besuch dieser Stadt zwei Tage zu wenig sind. Busverbindung zum Grenzort Lysá Pol'ana (Staatsgrenze Polen/Slowakei), 23 km, nach Tatranská Lomnica noch weitere 31 km.

Ždiar, 895 m
Ein Ort, der sich zwischen den Gebirgen Spišska Magura und Belianske Tatry befindet. Bis vor kurzem war es ein typisches Bergdorf mit mehreren kleineren Siedlungen auf den anliegenden Höhen, es hat aber während der letzten zwei Jahrzehnte seinen ursprünglichen Charakter verloren. Die ursprünglichen Holzhäuser sind nur noch stellenweise erhalten. Jede selbständige wirtschaftliche Niederlassung bestand aus einem dreiräumigen Wohnhaus, das zusammen mit den Wirtschaftsbauten einen viereckigen Grundriß mit einem geschlossenen Hof bildete, der vor Schneestürmen und Wildtieren geschützt war. Die Volkstrachten verschwanden aus dem alltäglichen Leben, man kann sie noch zeitweise an Sonntagen vor der Kirche sehen oder beim Auftreten des örtlichen Folkloreensembles Ždiarančck. Den Besuchern gibt ein museales Ždiarer Zimmer mit origineller Innenausstattung und der Einrichtung eines ursprünglichen Ždiarer Haushaltes Einblick in die frühere Lebensweise. Es gibt hier ein Restaurant und private Unterkunftsmöglichkeiten. Busverbindung. Nach Tatranská Lomnica 15 km.

Ausflugsziele und Naturschönheiten

Belianska jaskyňa
Kalksteinhöhle im Nordhang des Berges Kobylí vrch, der sich über dem Kurort Tatranská Kotlina, 7 km von Ždiar entfernt, befindet. Die Eintrittsöffnung der Höhle liegt in einer Höhe von 885 m, die Länge der Gänge beträgt 4 km, (davon mehr als 1 km der Öffentlichkeit zugänglich). In der Höhle Tropfsteingebilde, einige große Säle und kleine Seen. Sie wurde von Schatzsuchern im 18. Jh. entdeckt, im Jahre 1882 wurde sie der Öffentlichkeit zugänglich gemacht und seit 1896 hat sie, als erste in Europa, elektrische Beleuchtung.

Dolinka Bieleho potoka
Ein mit Wiesen bedecktes kleines Tal südwestlich der Gemeinde Javorina, unter den Wäldern des Berges Gombošov vrch. Von hier hat man einen herrlichen Blick auf die Spitzen Jahňací štít und Kolový štít und rechts auf die Javorinská Široká. Am Anfang dieses kleinen Tales befinden sich die Holzkirche und der Friedhof mit dem Grab des Fürsten Hohenlohe, der einst Javorina und die umliegenden Täler besaß.

Tichá dolina
Mit 14 km das längste Tal der Hohen Tatra. Wegen seiner Lage abseits der Touristenzentren wird es wenig besucht. So bietet es vor allem denjenigen angenehme Erlebnisse, die stille Naturszenerien suchen. Die Berggipfel Svinica und Kasprov vrch im Talschluß sind demgegenüber stark besucht, aber fast ausschließlich von Norden, also von polnischer Seite.

Kobylia dolinka
Grasbedecktes Hangtal mit einem zauberhaften Blick ins Tal Temné Smrečiny, auf seine zwei Seen und den Wasserfall Vajanského vodopád. Im unteren Teil des Tales Kobylia dolinka, östlich des Wanderweges, befindet sich der kleine See Kobylie pleso, 1734 m, der allmählich verschwindet.

Litvorové pleso, 1863 m
Ein in einem öden Talkessel gelegener, unerwartet schöner See mit einer reichhaltigen Pflanzenwelt. Er hat eine Fläche von 1,7 ha, eine Tiefe von 19 m und eine Länge von 170 m. Großartiger Blick auf die Wände des Kačací múr gegenüber. Guter Rastplatz. Die Benennung stammt von der Heilpflanze litvor (Archangelica), die in der Umgebung des Sees häufig vorkommt (s. Tour 42).

Skalnaté pleso, 1751 m
Gemeinsamer Name des Bergsees sowie der kleinen Siedlung in seiner Umgebung. Bergstation der Seilbahn von Tatranská Lomnica. Sternwarte, zusammenhängende Gebäude beider Seilbahnen, zwei Hütten, Bergdienst-

station, Talstation des Sesselliftes zum Kamm Lomnické sedlo. Der See hat eine unbeständige Wasserfläche und trocknet manchmal aus, was eine Folge der Beschädigung des Moränenwalls beim Bau der Seilbahn ist. Rings um den See führt ein unmarkierter Spazierweg. Die umliegenden Berge: von links der Bergkamm Lomnický hrebeň, 2211 m, der Sattel Lomnické sedlo, 2190 m, die Spitze Lomnický štít, 2632 m, der Grat Vidlové veže, unter diesem drei Kessel des sogenannten Cmiter, weiter die Spitzen Kežmarský štít, 2558 m, und Huncovský štít, 2351 m.

Slavkovská vyhliadka, 1521 m
Eine ausgebaute Aussichtshöhe. Sie stammt aus dem Jahre 1905, wurde später auch »Maximilianshöhe« zu Ehren des Dr. Maximilian Weisz genannt, der diese zusammen mit dem Steig errichten ließ. Von dort hat man eine überwältigende Aussicht in die Tiefe der beiden Täler Studené doliny und auf die Westwand des Berggipfels Lomnický štít.

Symbolischer Friedhof, 1525 m
Der Friedhof mit einer kleinen Kapelle befindet sich in der Nähe des Sees Popradské pleso. Hier sind die Gedenktafeln der Touristen und Bergsteiger, die in der Hohen Tatra ums Leben kamen. Er wurde im Jahre 1940 errichtet. Die Tafeln auf den Granitblöcken ergänzen mit geschnitzten Ornamenten die zierlichen Holzkreuze des Volkskünstlers J. Fekiač aus Detva. Die Zahl aller Bergopfer in der Hohen Tatra, die im Laufe der Geschichte seit 1771 verzeichnet wurden, beträgt fast 880. Tafeln gibt es aber nur etwa 200.
Einige der Tafeln verdienen unsere Aufmerksamkeit aufgrund ihrer beachtenswerten künstlerischen Darstellung oder ihrer historischen Bedeutung. Unter anderem finden Sie hier die Tafeln zweier berühmter Bergführer, Johann Franz aus dem Ort Nová Lesná und Klimek Bachleda aus Zakopane, weiter die Tafel des legendären polnischen Bergsteigers W. Stanislawski sowie eine Tafel, die den sieben Mitgliedern des Bergrettungsdienstes gewidmet ist, die beim Absturz des Hubschraubers 1979 bei einer Rettungsaktion ums Leben kamen.

Huncovská vyhliadka, 1877 m
Aussichtspunkt am Scheideweg der Touristensteige oberhalb der Sternwarte an der Bergstation der Seilbahn von Tatranská Lomnica nach Skalnaté pleso. Ein Rastplatz mit schöner Aussicht auf die Berge Levočské vrchy.

Lomnická vyhliadka, 1529 m
Aussichtspunkt mit überdachter Bank auf der Felskante des Kammes Lomnický hrebeň. Schöne Aussicht in die Täler Studené doliny, auf die Berghänge der Spitze Slavkovský štít und auf das Zipser Vorgebirge der Hohen Tatra von der Stadt Kežmarok im Osten bis zur Stadt Svit im Süden.

Kleines Wörterbuch der wichtigsten Begriffe

slowakisch	deutsch	polnisch
vrch	Berg	wierch
štít	Spitze	szczyt
vrchol	Gipfel	wierzcholek
veža	Turm	turnia
skalná ihla	Felsnadel	skalna igla
výšvih	Aufschwung	uskok
hrebeň	Grat, Kamm	grań, grzebień
svah	Hang	stok
stena	Wand	ściana
zráz	Absturz	
sedlo	Sattel	siodlo, przelecz
štrbina	Scharte	szczerbina
žľab (maly)	Rinne	rynna
žľab	Schlucht	żleb
kotol (kotlina)	Kessel (Talkessel)	kociol
dolina	Tal	dolina
pleso	See	staw
potok	Bach	potok
vodopád	Wasserfall	wodospad
cesta	Weg	droga
chodník	Steig, Pfad	ścieżka, perć
stopy chodníka	Steigspuren	ślady perći
priechod	Übergang	przechód
značený chodník	markierter Steig	szlak znakowany
rázcestie	Scheideweg	rozstaj dróg, rozdroże
rázcestník	Wegweiser	drogowskaz
chata	Hütte	schronisko
horská dráha	Bergbahn	kolejka elektryczna
lanovka	Seilbahn	kolejka linowa
pozemná lanovka	Bodenseilbahn	kolejka linowo-szynowa
sedačkový vyt'ah	Sessellift	wyciag krzeselkowy
vlek	Skilift	wyciag narciarski
horná stanica	Bergstation	górna stacja
dolná stanica	Talstation	dolna stacja
zastávka	Haltestelle	przystanek
stupeň obtiažnosti	Schwierigkeitsgrad	stopień trudności
istenie na lane	Seilsicherung	asekuracja na linie
pád kameňov	Steinschlag	
snehové pole	Firnfeld	pole śniegu
ret'aze	Ketten	łańcuchy
kramle	Klammern	klamry
Horská služba	Bergdienst	Pogotówie górskie
horský vodca	Bergführer	Przewodnik górski

1 Kriváň, 2494 m

Zum höchsten Gipfel des westlichen Teils der Hohen Tatra

Tri Studničky – Priehyba – Kriváň – Jamské pleso

Talort: Podbanské, 940 m.
Ausgangspunkt: Die Schutzhütte chata kpt. Rašu, 1180 m. Von Podbanské 5 km mit dem Pkw oder mit dem Bus. Aus dem Luftkurort Štrbské Pleso 11 km.
Parkmöglichkeit: Parkplatz an der Bushaltestelle unweit der Schutzhütte chata kpt. Rašu.
Gehzeiten: Kriváň 3 Std., Abstieg über Priehyba 2½ Std., am See Jamské pleso vorbei 3 Std., Gesamtgehzeit 6 Std.

Anforderungen: In der Schlucht unter dem Gipfel befindet sich ein Schutthang, der letzte Abschnitt auf den Gipfel führt durch Felsen (Steig). Die ganze Tour ist markiert.
Höchster Punkt: Kriváň, 2494 m.
Einkehrmöglichkeit: Die Schutzhütte chata kpt. Rašu, keine Übernachtungsmöglichkeit.
Sehenswertes: Die Aussicht vom Gipfel auf die Hohe, Niedere und Westliche Tatra.

Der Kriváň ist eine markante Spitze – die erste sichtbare, blickt man von Südwesten auf die Hohe Tatra. Der Gipfel fällt nach allen Seiten in steilen Felswänden ab, nur auf die Südost-Seite neigt sich der Kriváň mit einem milden Hang. Am linken Rand dieses Hanges führt unser Aufstieg entlang, auf

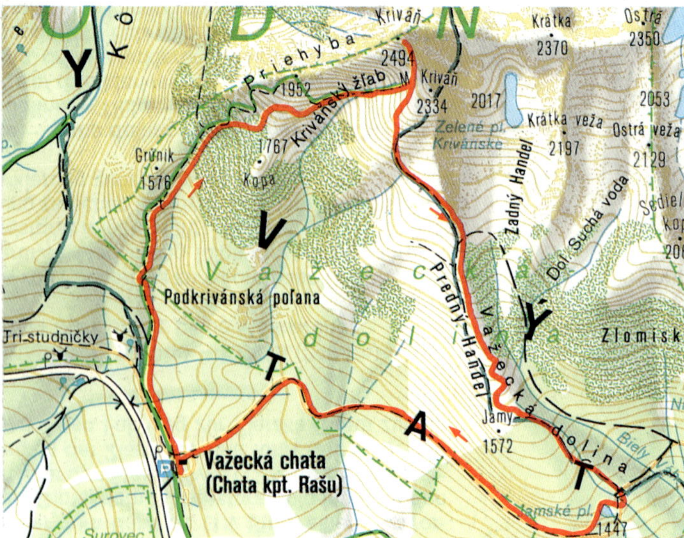

Der Kriváň von Podbanské.

der rechten Seite dagegen der Abstieg. Der Kriváň war bereits im 15. Jahrhundert bekannt, als auf seinen Hängen mit dem Bergbau begonnen wurde. Die teilweise verschütteten Stollen, in denen goldbringendes Erz bis ins 18. Jahrhundert gewonnen wurde, sind auch heutzutage unweit unseres Steiges zu sehen. Es gilt als sicher, daß bereits in diesen Zeiten die Bergknappen den Gipfel bestiegen haben.

Von der Schutzhütte **chata kpt. Rašu** auf dem Waldweg in nordwestlicher Richtung (rote und grüne Markierung) zum Wegweiser beim alten Forsthaus. Von hier auf dem grün markierten Steig hinauf in den Wald, nach 10 Min. über die bereits teilweise bewaldete Bergwiese Podkrivánska poľana und auf den Südhängen bis zum Sattel **Priehyba**, 1990 m; 1½ Stunden. Hier verläßt der Steig die bisherige Richtung und führt mehr nach rechts in die Schlucht, zum Wegweiser, 2120 m. Von Süden her kommt ein blau markierter Steig, auf diesem setzen wir unsere Tour bis hinauf zum Sattel **Daxnerovo sedlo** fort. Von hier aus bietet sich eine großartige Aussicht auf die Grate der Hohen Tatra. In der Tiefe des Tales Važecká dolina sieht man den See Zelené pleso, 2017 m, rechts die Anhöhe des Südgrates, 2334 m, Malý Kriváň genannt. Vom Sattel nach links, entlang der Felsen des Südgrates auf den **Gipfel**; ¾ Stunde. Auf dem Aufstiegsweg bis zum Wegweiser in der Felsschlucht absteigen. Von hier aus auf dem blau markierten Steig zum See **Jamské pleso,** einem idealen Rastplatz, und auf dem rot markierten Steig nach Süden und Westen zur Schutzhütte **chata kpt. Rašu**. Vom See Jamské pleso kann man in den Luftkurort **Štrbské Pleso** gelangen, und zwar auf dem rot markierten Weg in Nordostrichtung, 1 Stunde.

2 Závory, 1879 m, und Hladký štít, 2066 m

Ein felsiger Gipfel über ausgedehnten grasreichen Tälern

Podbanské – Kôprová dolina – sedlo Závory – Hladký štít

Talort: Podbanské, 940 m.
Ausgangspunkt: Wegweiser neben dem Parkplatz in der Ortsmitte.
Gehzeiten: Podbanské – Wegweiser unter der Anhöhe Grúnik 1¼ Std., durchs Tal Kôprová dolina zum Scheideweg unterhalb des Tales Temné Smrečiny 1½ Std., Sattel Závory 1¼ Std., Sattel Hladké sedlo ¼ Std., zum Gipfel Hladký štít ¼ Std., Aufstieg insgesamt 4½ Std., Abstieg durchs Tal Tichá dolina 5 Std., durchs Tal Kôprová dolina 4 Std. Gesamtgehzeit 9 bis 10 Std.
Anforderungen: Durchs Tal Kôprová dolina bequemer Fahrweg, in höheren Lagen ein erhaltener Steig, bis zum Sattel Hladké sedlo markiert. Zum Gipfel felsiges Gelände, stellenweise Steigspuren.
Höchster Punkt: Hladký štít, 2066 m.
Einkehrmöglichkeiten: Vier Unterstände im Tal Kôprová dolina gewährleisten nur Schutz vor Regen.

Der Sattel sedlo Závory trennt den grasbedeckten Nebenkamm Liptovské kopy vom Hauptkamm der Hohen Tatra. Das Bergmassiv Liptovské kopy ist ein strenges Naturreservat des Nationalparkes; das Betreten dieses Gebietes ist nicht einmal mit einem Bergführer gestattet.
Vom Wegweiser in **Podbanské** auf der Autostraße (gelbe Markierung) über die Brücke und 200 m zum nächsten Wegweiser. Hier nach links auf den

Unter dem Sattel Závory am Steig ins Tal Temné Smrečiny.

Fahrweg und in ½ Stunde zum Forsthaus **Tichá**. Nach rechts durchs Tal **Kôprová dolina** (grüne Markierung) zum Scheideweg unter der Anhöhe Grúnik, 1104 m. Hierher kann man auch von der Schutzhütte chata kpt. Rašu gelangen. Weiter auf einem bequemen Weg, ständig entlang des Baches Kôprový potok. Höher auf einem steileren Waldweg zum Scheideweg unterhalb des Tales Hlinská dolina, 1411 m (1¼ Stunden), und in etwa ¼ Stunde auf dem grün markierten Steig zum Scheideweg unterhalb des Tales Temné Smrečiny.

Wer nicht den Gipfel besteigen möchte, kann von hier aus in 1 Stunde auf dem rot markierten Steig zu den Ufern des großen Sees **Nižné Temnosmrečinské pleso**, 1674 m, hinaufsteigen, der sich in einem romantischen Gebirgskessel am Fuße der Felswände der Berggipfel Čubrina und Kôprovský štít befindet. Unsere Tour führt vom Scheideweg nach links über die steile Schwelle des Tales Kobylia dolina auf flache Wiesen und zum Sattel **Závory**. Hier endet die grüne Markierung. Vom Sattel quer durch den Nordwesthang der Spitze **Hladký štít**, auf einem rot markierten Steig zum Sattel **Hladké sedlo.** Nach rechts auf einen felsigen Bergrücken, der nicht mehr markiert ist, und weiter auf den **Gipfel**. Der **Abstieg** erfolgt auf der gleichen Route bis zum Sattel Závory.

3 Kôprovské sedlo, 2180 m

Durch drei Täler des Nebenkammes Krivánska rázsocha

Tri Studničky – Kôprová dolina – Kôprovské sedlo – Popradské pleso

Talort: Štrbské Pleso, 1355 m.
Ausgangspunkt: Die Schutzhütte chata kpt. Rašu, 1180 m. Keine Übernachtung. Von Štrbské Pleso 11 km, von Podbanské 5,5 km. Busverbindung.
Parkmöglichkeit: Der Parkplatz befindet sich an der Bushaltestelle unweit der Schutzhütte chata kpt. Rašu. Bei der Rückkehr ist der Parkplatz im Ort Štrbské Pleso vorteilhafter.
Gehzeiten: Schutzhütte chata kpt. Rašu – Scheideweg unterhalb der Anhöhe Grúnik 1 Std., durchs Tal Kôprová dolina $1\frac{1}{4}$ Std., durchs Tal Hlinská dolina zum Sattel Kôprovské sedlo $2\frac{1}{4}$ Std., Abstieg zum See Popradské pleso $1\frac{1}{4}$ Std. und weiter in den Ort Štrbské Pleso $1\frac{1}{4}$ Std., Gesamtgehzeit 7 Std.
Anforderungen: Steige und Waldwege. Nur der Abstieg vom Sattel ist ein wenig steiler. Die Tour ist markiert.
Höchster Punkt: Kôprovské sedlo, 2180 m.
Einkehrmöglichkeiten: Vier Unterstände im Tal Kôprová dolina und Schutzhaus chata pri Popradskom plese.

Der Übergang Kôprovské sedlo öffnet dem Besucher einen unerwartet schönen Blick auf die Berggipfel, die das Tal Mengusovská dolina umrahmen, von

Der Sattel Kôprovské sedlo und die Spitze Vysoká aus dem Tal Hlinská dolina.

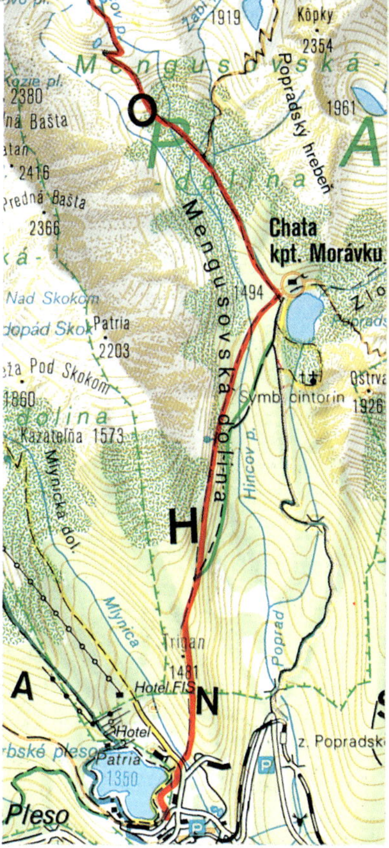

denen die Gipfel Rysy, Vysoká im Osten und die nahegelegenen Felswälle der drei Spitzen des Mengusovské štíty im Nordosten die markantesten sind.

Zur einfacheren Rückkehr ist es besser, den Pkw im Ort **Štrbské Pleso** zu lassen und zur Schutzhütte **chata kpt. Rašu** mit dem Bus zu fahren. Von der Bushaltestelle 200 m in Nordostrichtung auf dem Nebenweg zum Wegweiser vor der Schutzhütte. Auf dem Waldweg nach links (rote und grüne Markierung). Zum alten Forsthaus im Ort **Tri Studničky**. Von hier weiter mit blauer Markierung über den bewaldeten Bergrücken der Anhöhe Grúnik ins Tal **Kôprová**. Nun weiter auf einem bequemen Weg, der von Podbanské herführt. Von der Mündung des Tales Hlinská dolina führt der Steig zum Sattel **Kôprovské sedlo**.

Der Abstieg zu den Seen **Hincove plesá** verläuft auf steileren Serpentinen. Durch das Tal Mengusovská dolina zum Scheideweg am See **Popradské pleso.**

Weiter entweder in den Luftkurort **Štrbské Pleso** (rote Markierung) oder zur Haltestelle der Bergbahn **Popradské pleso.**

4 Vodopád Skok, 1750 m

Durch das sonnige Tal zum Wasserfall vodopád Skok

Štrbské Pleso – Mlynická dolina – Skok – Pleso nad Skokom

Talort: Štrbské Pleso, 1355 m.
Ausgangspunkt: Endstation der Bergbahn Štrbské Pleso. Parkplatz in der Nähe der Endstation.
Gehzeiten: Von der Endstation zum See 10 Min., von dort ins Tal zum Wasserfall 1¼ Std., zum kleinen See oberhalb des Wasserfalls noch 20 Min. Der Abstieg dauert 1¼ Std. Gesamtgehzeit 3 bis 4 Std.
Anforderungen: Bis zur oberen Waldgrenze ein gut erhaltener Weg, weiter auf einem stellenweise geschotterten Steig. An der Seewand oberhalb des Wasserfalls an zwei Stellen mit Ketten versichert.
Höchster Punkt: Pleso nad Skokom, 1801 m.
Einkehrmöglichkeiten: Nur am Talbeginn das Hotel FIS und an der Talstation des Sessellifts im Skizentrum.

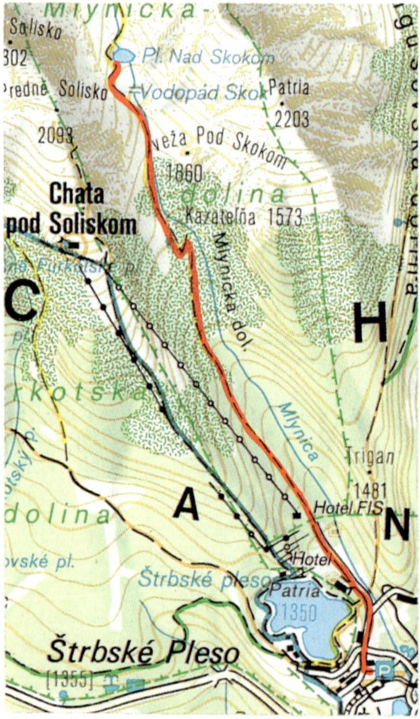

Die Tour führt am Štrbské pleso vorbei. Der Blick vom Südwestufer dieses Sees auf die Tatragipfel gehört zu den schönsten in der gesamten Hohen Tatra.

Von der **Endstation** der Bergbahn zum Warenhaus, auf den Stiegen rechts davon hinauf, über die Autostraße und zwischen den Bäumen zum Südostufer des **Sees**. Wegen des Rundblicks empfiehlt es sich, einen kleinen Abstecher von etwa 200 m zum Südwestufer zu machen. Auf einem gelb markierten Steig in Nordrichtung weiter. Durch den Wald gelangen wir zum Wegweiser auf dem Hauptweg. Von hier, der gelben Markierung folgend, ständig nach Norden, durch das Skizentrum in den Wald. Nach einer ¾ Stunde führt der Steig aus dem Wald heraus und steigt in offenem Gelände mäßig zum Wasserfall hin an. Geübte Wanderer können am linken Rand der Seewand auf die höher gelegene Talterrasse zum kleinen See oberhalb des Wasserfalls hinaufsteigen. Dieser Abschnitt ist an zwei Stellen mit Ketten gesichert. Rückkehr auf der gleichen Route.

Auf dem Weg zum Wasserfall Skok. Im Hintergrund die Spitze Štrbský štít.

5 Predné Solisko, 2093 m

Ein Aussichtsgipfel in der Reichweite eines Sesselliftes

Štrbské Pleso – chata pod Soliskom – Predné Solisko

Talort: Štrbské Pleso, 1355 m.
Ausgangspunkt: Endstation der Bergbahn Štrbské Pleso.
Parkmöglichkeit: Parkplatz neben der Endstation.
Gehzeiten: Von der Endstation ins Skizentrum zum Sessellift ¼ Std., Fahrt mit dem Sessellift 20 Min., Aufstieg zum Gipfel ¾ Std., Abstieg durch das Tal Furkotská dolina in den Kurort Štrbské Pleso 2 Std. Gesamtgehtzeit 3 Std.
Anforderungen: Von der Schutzhütte chata pod Soliskom ist der Steig bis zum Gipfel Predné Solisko ausgebaut. Abstieg durchs Tal Furkotská dolina ebenfalls auf einem ausgebauten Steig, in den Kurort Štrbské Pleso auf einem Waldweg. Die Tour ist markiert.
Höchster Punkt: Predné Solisko, 2093 m.
Einkehrmöglichkeiten: Der Bivak Club an der Bergstation des Sesselliftes und die Schutzhütte chata pod Soliskom, 1830 m.

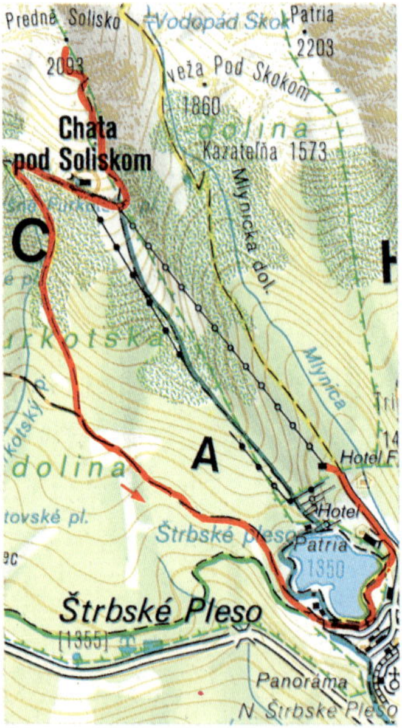

Predné Solisko ist der erste und niedrigste Gipfel im langen Gebirgskamm zwischen den Tälern Furkotská und Mlynická dolina, der im Sattel Bystré sedlo endet.

Von der Endstation der Bergbahn auf der Autostraße in nördlicher Richtung ins Skizentrum und Auffahrt mit dem Sessellift. Von der **Bergstation** des Sesselliftes auf den rot markierten Steig oberhalb der Schutzhütte und weiter in Serpentinen über einen grasbedeckten Hang hinauf auf den **Grat**. Diesem folgend zum **Gipfel** empor. Der **Abstieg** ist nur auf der Anstiegsroute sicher! Ein scheinbar leichtes Gelände, das zum Abstieg direkt in das Tal Furkotská dolina lockt, ist in seinem unteren Teil sehr steil. Der Abstieg dort dauert länger als die Rückkehr zur Schutzhütte. Von der Schutzhütte Weiterweg auf blau markiertem Steig. Auf diesem zum Wegweiser im **Talboden** (20 Min.) und auf gelb markiertem Steig bergab zu einem Waldweg, der im Ort **Štrbské Pleso** endet.

Die Spitze Predné Solisko, hinter dieser die verschneite Spitze Štrbské Solisko.

6 Bystrá lávka, 2300 m

Rund um zwei Täler

Štrbské Pleso – chata pod Soliskom – Furkotská dolina – Bystrá lávka – Mlynická dolina – Štrbské Pleso

Talort: Štrbské Pleso, 1355 m.
Ausgangspunkt: Die Schutzhütte chata pod Soliskom, 1830 m. Hierher von Štrbské Pleso mit dem Sessellift in 20 Min.
Parkmöglichkeit: Parkplatz neben der Endstation der Bergbahn.
Gehzeiten: Von der Schutzhütte chata pod Soliskom ins Tal Furkotská dolina 20 Min., durchs Tal zur Scharte Bystrá lávka 2 Std., Abstieg durchs Tal Mlynická dolina 2½ Std., Gesamtgehzeit 5 Std.
Anforderungen: Von der Schutzhütte chata pod Soliskom ein erhaltener Steig bis zum oberen See im Tal Furkotská dolina. Weiter ein neuangelegter Steig zur Scharte, letzte 10 m mit Ketten versichert. Beim Abstieg ein kurzer, mit Ketten versicherter Abschnitt unter der Scharte. Weiter ein erhaltener Steig. Die Tour ist markiert.
Höchster Punkt: Bystrá lávka, 2300 m.
Einkehrmöglichkeit: Die Schutzhütte chata pod Soliskom.

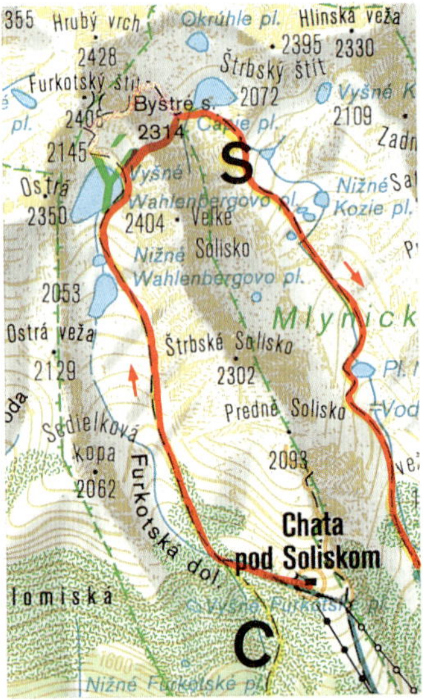

Bystrá lávka ist eine enge Scharte am Nordende des Solisko-Grates – sie vermittelt einen leichten Übergang zwischen den Tälern Mlynická und Furkotská dolina. Auf den schattigen Geröllhängen unter der Scharte können sich die Firnfelder bis in die Sommermonate erhalten und den Übergang erschweren. Falls der Schnee nur auf der Nordseite, das heißt am Abstiegsweg liegt, ist es ratsam, wieder auf dem Aufstiegsweg zum Ausgangspunkt zurückzukehren. Der alte Steig durch den Sattel Bystré sedlo (diese Scharte befindet sich auf demselben Grat, jedoch etwa 200 m nördlich von der Bystrá lávka, dicht unter dem Gipfel des Furkotský štít) wurde von der TANAP-Verwaltung im Jahre 1993 gesperrt.

Von der **Schutzhütte** auf blau markiertem Steig in westlicher Richtung auf einem mäßigen Abstiegsweg ins Tal **Furkotská dolina** und zum Wegweiser, 1710 m. Weiter auf dem gelb markierten Steig bergauf, über grasbedeckte Wiesen und zwischen Latschenkiefern weiter. Auf Serpentinen über eine

Bystrá lávka (links) und die Spitze Furkotský štít von Osten.

Felsmoräne und zwei Talschwellen in den Talkessel zum oberen See. Hier verläßt der neue Steig den Talboden und führt rechts bergauf zum tiefsten Punkt im Gratverlauf. Den Aufstieg kann man auch vom Tal Mlynická dolina aus durchführen, was eigentlich schöner, aber auch anstrengender ist, da man keinen Sessellift benutzen kann.
Beim Abstieg ins Tal **Mlynická dolina** kommt man bald auf den alten Steig, der vorbei an zwei Seen und dem Wasserfall Skok zur Talstation des Sesselliftes führt.

7 Satan, 2416 m

Wo der Teufel zu Hause ist

Štrbské Pleso – Mlynická dolina – Volie plieska – Satan

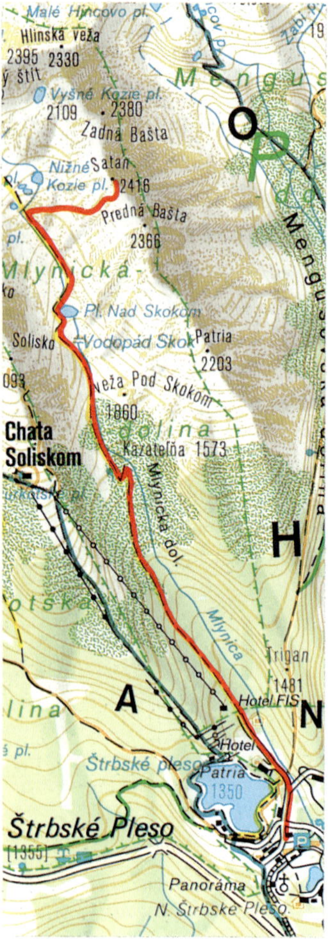

Talort: Štrbské Pleso, 1355 m.
Ausgangspunkt: Endstation der Bergbahn Štrbské Pleso.
Parkmöglichkeit: Parkplatz neben der Endstation der Bergbahn.
Gehzeiten: Durch das Tal Mlynická dolina 2 Std., von den Seen Volie plieska unter die Wand ¼ Std., Aufstieg zum Gipfel 2 Std., Abstieg auf derselben Route 3 Std. Gesamtgehzeit 7 bis 8 Std.
Anforderungen: Durchs Tal Mlynická dolina markierter Weg, weiter oben Steig. Von den Seen Volie plieska über Felsblöcke (Fußgängergelände) bis unter die Wand. Stellen im I. Schwierigkeitsgrad. Nur mit Bergführer erlaubt!
Höchste Punkte: Volie plieska, 1940 m, Satan, 2416 m.
Einkehrmöglichkeiten: Nur am Taleingang im Hotel FIS und an der Talstation des Sesselliftes.

Der mächtige Satan ist im Bergkamm Bašty, der die Täler Mlynická dolina und Mengusovská dolina voneinander trennt, der höchste Gipfel. Seinen Namen erhielt er vor mehreren hundert Jahren, als auf seinen Hängen Schatzsucher herumstreiften, oft von herabstürzenden Steinen bedroht. Nach einer alten Legende schützten der Satan und andere Teufel auf diese Weise die Schätze, die im Inneren des Berges verborgen waren.

Von der **Endstation** der Bergbahn auf der Autostraße in nördlicher Richtung ins Skizentrum und auf dem gelb markierten Weg bergauf durchs Tal Mlynická dolina. Auf dem Steig am **Wasserfall Skok** und am

Die Felsgipfel von Satan, Zadná Bašta, Cepie veže und Hlinská veža.

See pleso nad Skokom vorbei und über die Talenge auf die weitere Terrasse. Der Steig führt nun zwischen zwei Seen hindurch: die **Seen Volie plieska**, bei denen unsere Tour eine neue Richtung nimmt. Über einen felsigen Bergrücken nach rechts (nach Osten) unter die Südwestwand des Satans. Ihre fünf steilen Felsrinnen werden auf einem schmalen Band gequert. Auf dem Band zur vorletzten Felsrinne, hinauf und Übergang zur letzten Felsrinne – in dieser auf den **Südgipfel**.

Der **Abstieg** erfolgt entweder am Aufstiegsweg oder entlang des südöstlichen Kammes zum Sattel oberhalb der Felsrinne Široký žľab. Bei der Umgehung des Berggipfels Predná Bašta ist die Orientierung etwas schwierig. Weiter über einen Geröllhang der Malá Bašta nach Südwesten ins Tal Mlynická dolina und durch dieses zurück zum Ausgangspunkt.

8 Popradské pleso, 1494 m

Zum See im Herzen der Berge

Štrbské Pleso – Trigan – Popradské pleso – Symbolický cintorín

Talort: Štrbské Pleso, 1355 m.
Ausgangspunkt: Endstation der Bergbahn Štrbské Pleso. Parkplatz neben der Bergbahn.
Gehzeiten: Trigan 35 Min., zum See Popradské pleso 40 Min., zum Friedhof Symbolický cintorín ¼ Std., Abstieg zur Haltestelle der Bergbahn Popradské pleso 50 Min. Gesamtgehzeit 2½ Std.
Anforderungen: Erhaltener Steig über den Trigan, zum Friedhof stellenweise eine größere Steigung, vom Scheideweg bis zur Haltestelle Fahrweg.
Höchster Punkt: Trigan-Scheideweg, etwa 1500 m.
Einkehrmöglichkeit: Schutzhaus chata pri Popradskom plese.

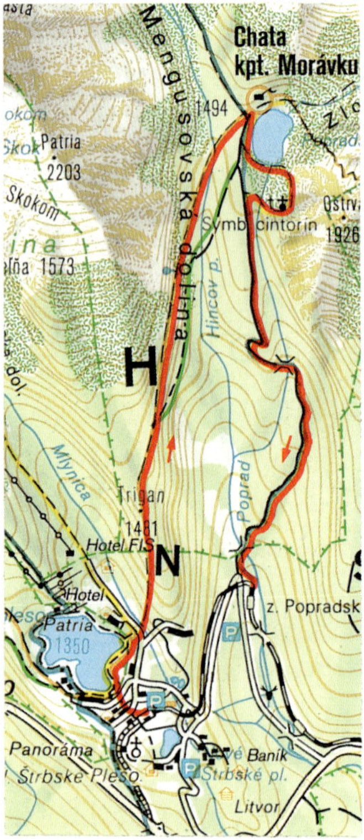

Der See Popradské pleso liegt im malerischen Talkessel unterhalb der Mündung des Tales Zlomiská. Er ist fast 7 ha groß und erreicht eine Tiefe von 18 m.

Von der **Endstation** der Bergbahn auf der Autostraße etwa 500 m in nördlicher Richtung. Vom Wegweiser nach rechts (rote Markierung), hinter der Brücke zweigt von der Straße links ein Steig in den Wald ab, der immer steigend zum Scheideweg auf dem **Trigan** führt. Hier zweigt ein grün markierter Steig bergab ab; dieser ist für Touren im Winter geeignet. Unser Weg führt aber auf dem rot markierten Steig weiter, an der Felsklippe vorbei und steigt allmählich ins Tal Mengusovská dolina, zum See Popradké pleso hin ab. Vom **Schutzhaus** auf dem gelb markierten Steig entlang des südwestlichen Seeufers weiter zum **Friedhof**, schließlich steiler absteigen und über den Bach auf den Fahrweg. Von der Station der Bergbahn **Popradské pleso** kann man entweder mit der Bahn oder aber zu Fuß (20 Min. auf der wenig befahrenen Autostraße) nach **Štrbské Pleso** zurückkehren.

Kapelle am Symbolischen Friedhof bei Popradské pleso.

9 Veľké Hincovo pleso, 1946 m – Kôprovský štít, 2367 m

Zum größten See am Südhang der Hohen Tatra

Popradské pleso – Veľké Hincovo pleso – Kôprovský štít

Talort: Štrbské Pleso, 1355 m.
Ausgangspunkt: Haltestelle der Bergbahn Popradské pleso, 1250 m.
Parkmöglichkeit: Neben der Haltestelle.
Gehzeiten: Bis Popradské pleso 1 Std., weiter bis Veľké Hincovo pleso 1½ Std., nach Kôprovské sedlo ½ Std., bis Kôprovský štít ¾ Std., Abstieg 3¼ Std. Gesamtzeit 7 Std.

Anforderungen: Steig bis zum Sattel, von dort auf den Gipfel, anfangs auf Steigspuren, dann zwischen Felsblöcken hindurch. Entlang des Grates felsiges Gelände. Die Tour ist markiert.
Höchste Punkte: Kôprovské sedlo, 2180 m, Kôprovský štít, 2367 m.
Einkehrmöglichkeit: Das Schutzhaus chata pri Popradskom plese.

Veľké Hincovo pleso ist der viertgrößte See der Hohen Tatra mit einer Fläche von 20 ha, einer Tiefe von 53 m und einer Länge von 740 m. Der felsige Gipfel des Kôprovský štít, ein ausgedehnter Berggipfel, in nordwestlicher Richtung

Die Spitze Kôprovský štít und der See Veľké Hincovo pleso.

vom See gelegen, sinkt zum Sattel Kôprovské sedlo mit einem durchaus sanften Hang hin ab, auf dem unsere Tour verläuft. Vom Gipfel hat man eine interessante Aussicht vor allem auf die Berge Rysy und Vysoká.

Von der Haltestelle der Bergbahn **Popradské pleso** auf dem verkehrsfreien Fahrweg in nördlicher Richtung (blaue Markierung) zum Scheideweg über dem See. Weiter bergauf durchs Tal **Mengusovská dolina** (blaue Markierung) zur Abzweigung in Richtung Rysy. Hier nach links über den Bach Hincov potok (bei höherem Wasserstand ist Vorsicht geboten!) und über zwei Anhöhen steiler in den Talkessel der **Seen Hincove plesá** hinauf. Vom größten See beim Wegweiser nach links und in steilen Serpentinen zum **Sattel Kôprovské sedlo** hinauf. Hier verzweigen sich die Wege, die blaue Markierung führt ins Tal Hlinská dolina, unsere Tour führt, den roten Markierungen folgend, über einen grasreichen Hang in nordwestlicher Richtung bis auf die Hangkante. Hinter dieser wendet sich die Aufstiegsrichtung nach Nordosten und führt zwischen den Felsblöcken zum Grat hinauf. Die Steigspuren verschwinden stellenweise, aber die rote Markierung führt verläßlich zum Vorgipfel und nach der Scharte schließlich dem Grat entlang auf den **Gipfel** hinauf.

Der **Abstieg** erfolgt auf der gleichen Route bis in den Sattel Kôprovské sedlo, von dort entweder durchs Tal Hlinská dolina oder auf der kürzeren Route durchs Tal Mengusovska dolina zurück.

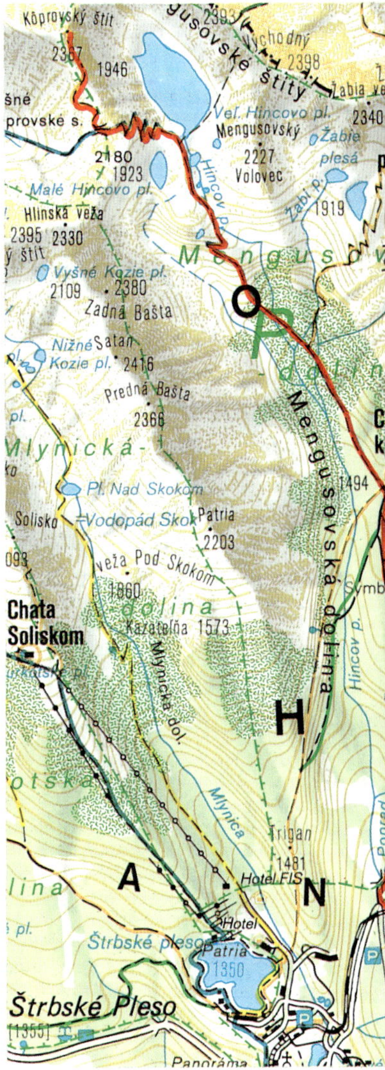

10 Mengusovské sedlo, 2307 m, und Východný Mengusovský štít, 2398 m

Auf dem Steig polnischer Wilderer

Popradské pleso – Veľké Hincovo pleso – Mengusovské sedlo und Východný Mengusovský štít

Talort: Štrbské Pleso, 1355 m.
Ausgangspunkt: Haltestelle der Bergbahn Popradské pleso, 1250 m.
Parkmöglichkeit: Neben der Haltestelle.
Gehzeiten: Popradské pleso 1 Std., weiter nach Veľké Hincovo pleso 1½ Std., bis zum Sattel 1 Std., weiter auf den Gipfel 1 Std., Abstieg 3½ Std. Gesamtgehzeit 8 Std.
Anforderungen: Bis zum See Veľké Hincovo pleso erhaltener, markierter Steig, weiter Gehgelände mit einem kurzen Abschnitt im I. Schwierigkeitsgrad. Vom Sattel auf den Gipfel ebenfalls Stellen im I. Schwierigkeitsgrad sowie schwierige Orientierung. Letzter Abschnitt erfordert Seilsicherung. Nur mit Bergführer erlaubt!
Höchste Punkte: Mengusovské sedlo, 2307 m, Východný Mengusovský štít, 2398 m.
Einkehrmöglichkeit: Schutzhaus chata pri Popradskom plese.

Der Sattel Mengusovské sedlo und die Spitze Východný Mengusovský štít.

Im mächtigen Wall der Gipfel von Mengusovský štít gibt es auf den ersten Blick keinen gangbaren Weg. Dieser Wall hat dennoch seine schwache Stelle: Vom großen Schuttkegel unter der Südwand des Východný Mengusovský štít zieht sich schräg links aufwärts ein Felseinschnitt, der weiter oben in eine Rampe übergeht, die unter dem Sattel Mengusovské sedlo immer breiter wird. Durch diesen Einschnitt führt unsere Route, auf der seit jeher Wilderer aus Podhalie in die Südtäler der Hohen Tatra hinüberstiegen. Zur Rast lädt der viertgrößte Bergsee der Hohen Tatra, der Vel'ké Hincovo pleso, ein.

Von der Haltestelle der Bergbahn **Popradské pleso** führt zum See **Vel'ké Hincovo pleso** eine blaue Markierung (siehe Tour 9).

Vom Südufer des Bergsees (Wegweiser) in nordöstlicher Richtung auf dem Moränenhang (Steigspuren) zum großen Schuttkegel und auf diesem weiter bis zur Felsrinnenmündung, die links vom Gipfel herabzieht.

Unter der Mündung nach links auf die Rampe und durch den Einschnitt, der einige Seitenrinnen quert, bis zum **Sattel**.

Der Aufstieg vom Sattel auf den Gipfel verläuft nicht entlang des Nordwestgrates, sondern auf den Südhängen. In einer langen Querung mehrerer Felsrippen gelangt man in die Gipfelrinne und durch diese auf den Kamm. Auf ihm schließlich weiter zum **Gipfel**.

Der Abstieg erfolgt auf der gleichen Route.

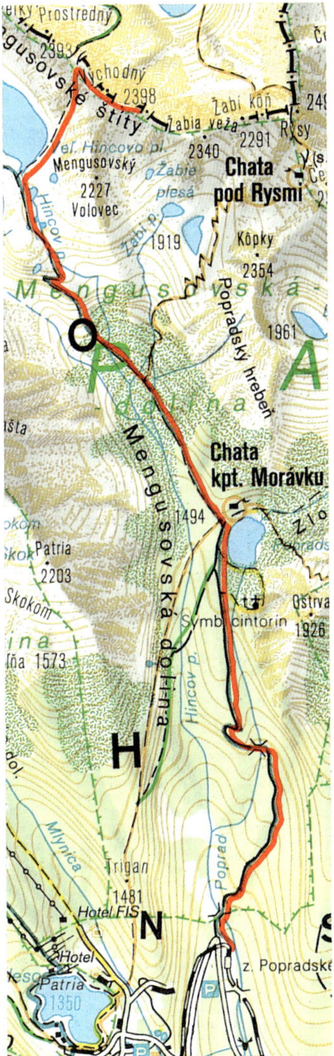

11 Rysy, 2499 m

Zum Gipfel mit der besten Aussicht auf die Hohen Tatra

Popradské pleso – Žabie plesá – sedlo Váha – Rysy

Die Spitze Rysy mit dem Sattel Váha und dem Aufstiegspfad.

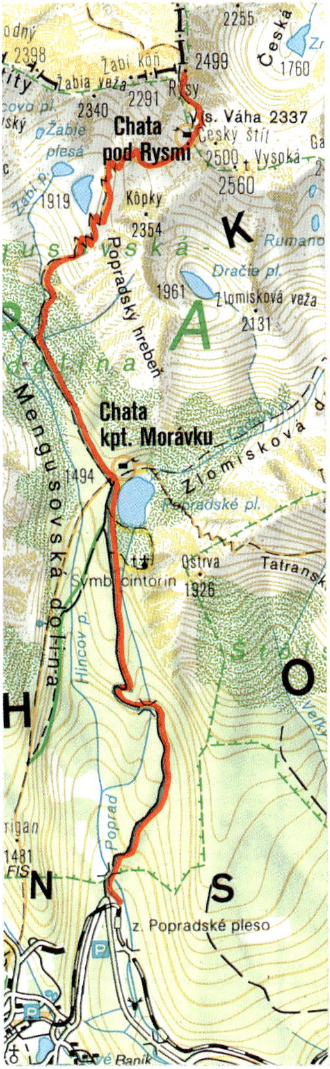

Talort: Štrbské Pleso, 1355 m.
Ausgangspunkt: Haltestelle der Bergbahn Popradské pleso, 1250 m.
Parkmöglichkeit: Neben der Haltestelle.
Gehzeiten: Popradské pleso 1 Std., weiter nach Žabie plesá $1\frac{1}{2}$ Std., bis chata pod Rysmi 1 Std., von dort bis sedlo Váha $\frac{1}{4}$ Std. und weiter zum Rysy $\frac{1}{2}$ Std., Abstieg $3\frac{1}{2}$ Std. Gesamtgehzeit 8 Std.
Anforderungen: Bis zur Schutzhütte chata pod Rysmi führt ein ausgebauter Steig. Die gesamte Tour ist markiert, an einer Stelle Kettensicherungen.
Höchste Punkte: Sedlo Váha, 2337 m, Rysy, 2499 m.
Einkehrmöglichkeiten: Schutzhaus chata pri Popradskom plese, Schutzhütte chata pod Rysmi.

Der Rysy ist ein zweigipfeliger Berg, dessen Nordwestgipfel den Knotenpunkt dreier Berggrate bildet. Vom Gipfel genießt man eine großartige Aussicht auf die Berge und Täler der Hohen Tatra. Am imposantesten ist der Blick auf die zwei großen polnischen Seen Czarny Staw und Morskie Oko im Nordwesten.

Von der Haltestelle der Bergbahn **Popradské pleso** in nördlicher Richtung der blauen Markierung ins Tal Mengusovské dolina folgen bis zum Scheideweg über den Bach Žabi potok, 1625 m. Hier zweigt nach rechts ein rot markierter Steig ab, der auf vielen Serpentinen über die Talschwelle in den Talkessel der **Seen Žabie plesá** führt. Über eine weitere Schwelle, der einzige schwierige Abschnitt ist mit Ketten versichert, ins **Tal dolinka pod Váhou** und an der Schutzhütte vorbei empor zum Sattel. Auf der Südseite unter dem Bergkamm zum **Gipfel**.

Der **Abstieg** kann nur auf der Aufstiegsroute erfolgen.

12 Vysoká, 2560 m

Der schönste Gipfel der Hohen Tatra

Popradské pleso – sedlo Váha – Vysoká – Dračie sedlo – Popradské pleso

Talort: Štrbské Pleso, 1355 m.
Ausgangspunkt: Haltestelle der Bergbahn Popradské pleso, 1250 m.
Parkmöglichkeit: Neben der Haltestelle.
Gehzeiten: Zum Sattel sedlo Váha 3¾ Std., von hier auf den Gipfel 2 Std. Abstieg in den Sattel Dračie sedlo 1¼ Std., durchs Tal Zlomiská zum See Popradské pleso 1¾ Std., zur Haltestelle ¾ Std. Gesamtgehzeit 10 Std.
Anforderungen: Zum Sattel sedlo Váha führt ein Steig. Der Aufstieg auf den Gipfel erfolgt im felsigen Gelände (stellenweise I) ohne Markierung. Schwierige Abschnitte sind mit Ketten und Klammern gesichert. Nur mit Bergführer erlaubt!
Höchste Punkte: Der Sattel sedlo Váha, 2337 m, Vysoká, 2560 m, der Sattel Dračie sedlo, 2200 m.
Einkehrmöglichkeiten: Das Schutzhaus chata pro Popradskom plese, die Schutzhütte chata pod Rysmi.

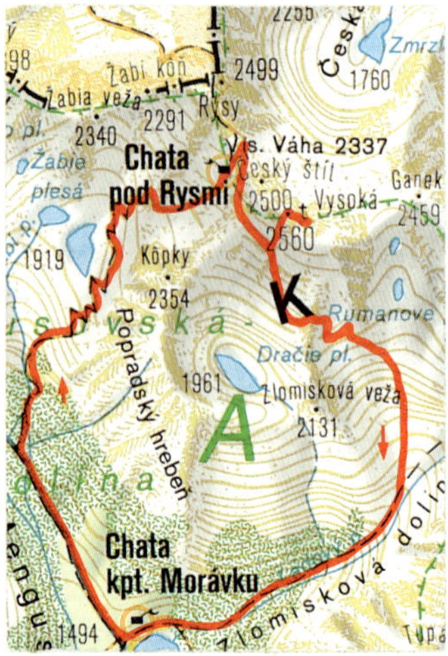

Der Vysoká, ein symmetrisch geformter Berg mit vier Gipfeln, befindet sich im Hauptkamm zwischen dem Sattel sedlo Váha und dem Tal Zlomiská. Den schönsten Blick auf den Gipfel Vysoká hat man vom Luftkurort Štrbské Pleso aus: Die zwei höchsten Gipfel werden von links durch den Český štít, 2500 m, von rechts vom Dračí štít, 2523 m, gestützt. Alle vier Gipfel bilden zusammen die sogenannte Krone des Vysoká. Achtung: Die Tour ist leichter begehbar, wenn sich in der Hauptrinne kein Schnee befindet.
Von der Haltestelle der Bergbahn **Popradské pleso** bis zum Sattel sedlo Váha (siehe Tour 11). Vom Sattel vorerst auf den Nordwestkamm des Gipfels **Český štít**, dann quer durch seine Westwand auf dem oberen der zwei Bänder bis hinter die Gipfelfallinie. Durch den Kamin bergaufwärts (Ketten), in die Scharte unter dem **Turm Kohútik** und auf der anderen Seite des Grates über die Schuttbänke in die Hauptrinne des Vysoká. Durch diese Rinne, schließlich nach links (versichert) und auf den **Nordwestgipfel**.
Der **Abstieg** erfolgt ebenfalls durch die Hauptrinne bis zur Schuttbank, weiter über den rechten Hang zwischen Felsblöcken hinab. Anschließend Übergang zum Sattel Dračie sedlo und nach links ins Tal Zlomiská.

Am See Štrbské pleso, im Hintergrund die verschneite Vysoká.

13 Východná Železná brána, 2255 m

In den wildesten Talkessel des Gebirges

Popradské pleso – Ľadové pleso – Východná Železná brána – Kačacia dolina – Lysá Poľana

Talort: Štrbské Pleso, 1355 m.
Ausgangspunkt: Haltestelle der Bergbahn Popradské pleso, 1250 m (Parkplatz).
Gehzeiten: Popradské pleso 1 Std., weiter nach Ľadové pleso 1½ Std., bis Východná Železná brána 1 Std. Abstieg ins Tal Kačacia dolina zum See Zelené pleso 2 Std., von dort nach Lysá Poľana 2½ Std. Gesamtgehzeit 8 Std.
Anforderungen: Sehr lange, unmarkierte Bergtour. Vom See Popradské pleso Steig, zum Sattel ein Schutthang. Vom Sattel schwierig (stellenweise I) bis zum See Zelené pleso. Weiter: markierter Steig, Waldweg. Nur mit Bergführer erlaubt!
Höchste Punkte: Východná Železná brána, 2255 m, eventuell die Spitze Snehová kopa, 2310 m.
Einkehrmöglichkeiten: Das Schutzhaus chata pri Popradskom plese, das Gasthaus im Grenzort Lysá Poľana.

Východná Železná brána ist der tiefste Sattel in dem Kamm, der das wildromantische Tal dolina Zlomísk abschließt. Er ist vom See Popradské pleso zu sehen.

Von der Haltestelle der Bergbahn **Popradské pleso** auf dem Fahrweg in nördlicher Richtung (blaue Markierung) zum See Popradské pleso. Vom **Schutzhaus** nach Osten durchs Tal Zlomiská und über seine drei Terrassen zum **Sattel Východná Železná brána**. Die weitere Route hängt von den Schneeverhältnissen ab: Wenn die Felsrinne, die sich nach Norden neigt,

Der Sattel Východná Železná brána. Links die Spitze Snehová kopa.

unter einer Schneedecke liegt und man demzufolge nicht ins Tal Kačacia dolina herabsteigen kann, kann man entlang des Südostkammes auf die nahegelegene Spitze Snehová kopa hinaufsteigen (20 Min., stellenweise I) und auf derselben Route zurückkehren.
Der Abstieg vom Sattel nach Norden ist schwierig, es gibt hier keinen Steig und die Orientierung verlangt gute Geländekenntnis. Diese Bergtour führt durch ein wildes, verlassenes Tal, das von Felsrippen und Steilwänden umgeben ist, und weiter über die Abhänge Gerlachovské spády bis zum stillen See inmitten des grasbedeckten Tales **Kačacia dolina**. Unweit des Sees gelangt man auf dem blau markierten Steig ins Tal Bielovodská dolina hinunter. Von **Lysá Pol'ana** gibt es eine Busverbindung zurück zum Ausgangspunkt.

14 Končistá, 2535 m

Ein Bergkamm mit zehn Türmen

Popradské pleso – Ľadové pleso – Lúčne sedlo – Končistá

Talort: Štrbské Pleso, 1355 m.
Ausgangspunkt: Haltestelle der Bergbahn Popradské pleso, 1250 m.
Parkmöglichkeit: Neben der Haltestelle.
Gehzeiten: Popradské pleso 1 Std., weiter bis Ľadové pleso 1½ Std., bis Lúčne sedlo 1 Std., zum Gipfel weitere 1½ Std. Abstieg über die Ostrva 4 Std. Gesamtgehzeit 9 Std.
Anforderungen: Vom See Popradské pleso durchs Tal Zlomiská ein nicht erhaltener Steig, vom See Ľadové pleso über Geröll und Moränenhänge auf den Gipfel. Anstrengende, unmarkierte Tour, aber keine Kletterstellen. Nur mit Bergführer erlaubt!
Höchster Punkt: Die Spitze Končistá, 2535 m.
Einkehrmöglichkeit: Das Schutzhaus chata pri Popradskom plese.

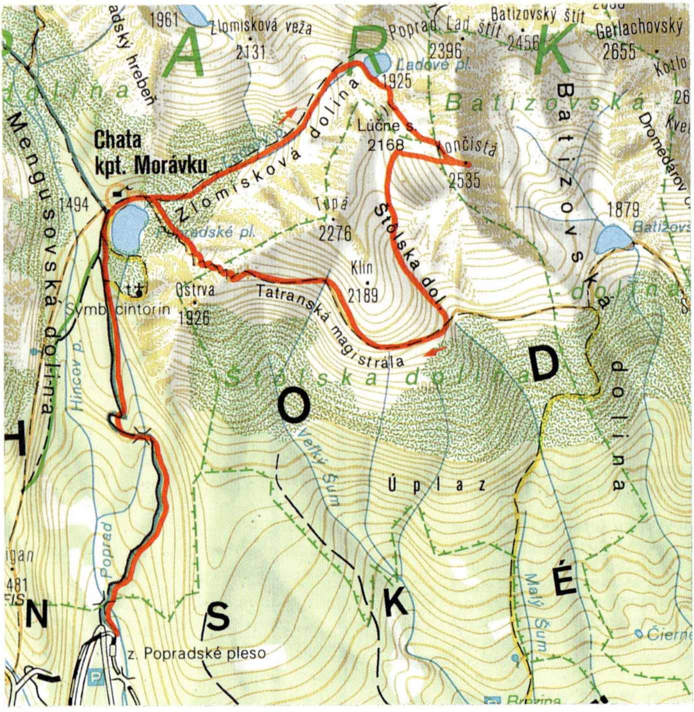

Panorama mit Sattel Lúčne sedlo, Končistá und Gerlachovský štít.

Der Gipfel Končistá fällt im Osten mit einer Steilwand in die Tiefe ab und hat zwei eng nebeneinander liegende Gipfel: Der Südgipfel ist der Hauptgipfel und wird von einem sonderbaren Felsblock gebildet, der einem Pferdekopf ähnlich sieht. Der niedrigere Nordgipfel ist das Ziel der üblichen Anstiege.
Von der Haltestelle **Popradské pleso** auf dem Fahrweg nach Norden (blaue Markierung) zum See Popradské pleso. Vom Schutzhaus durchs Tal Zlomiská zum **See Ľadové pleso**. Nach rechts auf die Geröllhänge und in Südrichtung bergauf unter den **Sattel Lúčne sedlo**. Unter diesem befindet sich eine schwer gangbare Felsstufe, die gewöhnlich von Wasser überronnen wird. Die Bergführer wissen aber, wie man dieses Hindernis, das einzige während der gesamten Tour zum Gipfel, umgehen kann. Nach dieser Stufe legt sich das steile Gelände etwas zurück. Im Sattel ändert sich unsere Wegrichtung nach Südosten. Es folgt der eigentliche Aufstieg über einen eintönigen Geröllhang bis zum Grat, den man in der **Scharte** zwischen dem Süd- und Nordgipfel der Končistá erreicht.
Der **Abstieg** bis zum Sattel Lúčne sedlo erfolgt auf derselben Route, dann wendet man sich nach Süden durchs Tal **Štôlska dolinka**, das weiter unten von einem rot markierten Steig durchquert wird. Auf diesem gehen wir dann in westlicherRichtung über den Sattel Ostrva zum See **Popradské pleso** oder, noch kürzer, in Ostrichtung und weiter unterhalb des Scheideweges, der sich am Fuße der Končistá befindet, auf dem gelb markierten Steig nach Vyšné Hágy.

15 Ostrva, 1980 m

Ein sonniger Aussichtspunkt über dem See Popradské pleso

Štrbské Pleso – Popradské pleso – Ostrva – Batizovské pleso – Tatranská Polianka

Talort: Štrbské Pleso, 1355 m.
Ausgangspunkt: Endstation der Bergbahn Štrbské Pleso.
Parkmöglichkeit: Parkplatz neben der Endstation.
Gehzeiten: Štrbské Pleso – Popradské pleso 1¼ Std., zum Sattel Ostrva 1 Std., weiter zum Gipfel Ostrva 5 Min., nach Batizovské pleso 1½ Std. Abstieg nach Tatranská Polianka 1¾ Std. Gesamtgehzeit 5½ Std.
Anforderungen: Die Bergtour erfolgt auf einem ausgebauten und markierten Steig, der letzte Abschnitt beim Abstieg auf einem Fahrweg.
Höchste Punkte: Sattel Ostrva, 1959 m, Ostrva-Gipfel, 1980 m, der See Batizovské pleso, 1879 m.
Einkehrmöglichkeit: Das Schutzhaus chata pri Popradskom plese.

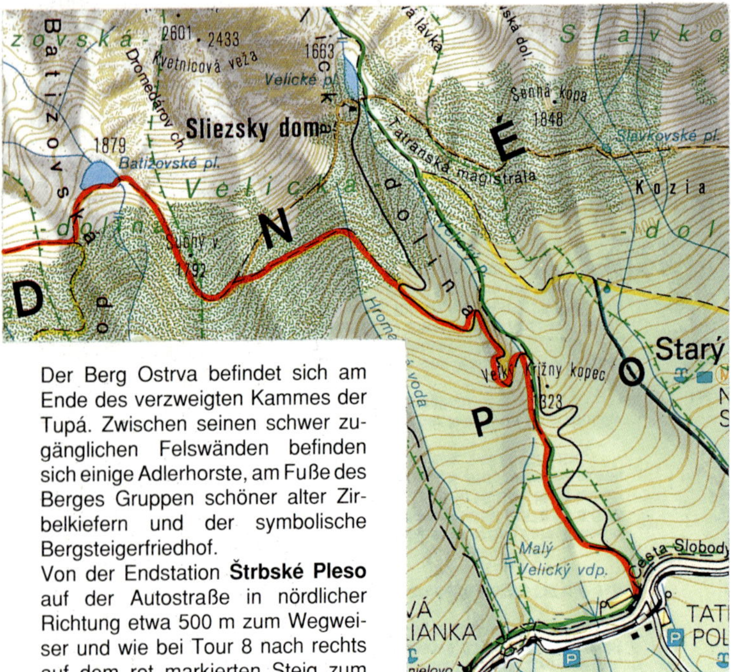

Der Berg Ostrva befindet sich am Ende des verzweigten Kammes der Tupá. Zwischen seinen schwer zugänglichen Felswänden befinden sich einige Adlerhorste, am Fuße des Berges Gruppen schöner alter Zirbelkiefern und der symbolische Bergsteigerfriedhof.
Von der Endstation **Štrbské Pleso** auf der Autostraße in nördlicher Richtung etwa 500 m zum Wegweiser und wie bei Tour 8 nach rechts auf dem rot markierten Steig zum

See **Popradské pleso**; vor dem Schutzhaus auf das östliche Seeufer wechseln. Hier nach links und in 30 immer steiler werdenden Serpentinen hinauf zum **Sattel**. Nach einer kurzen Abzweigung zum höchsten Punkt der **Ostrva** setzen wir unsere Tour waagerecht auf dem Südhang der Berge Tupá und Klín sowie am Fuße der Spitze Končistá zum See **Batizovské pleso** hin fort. Vom Scheideweg unter dem Hügel Suchý, 1720 m, bergab auf dem gelb markierten Steig ins Tal **Velická dolina** und auf dem verkehrsfreien Fahrweg nach **Tatranská Polianka**.
Mit der Bergbahn Rückkehr zum Ausgangsort.

Der Ostrva, vom See Popradské pleso gesehen.

16 Batizovské pleso, 1879 m

Zum See am Fuße des höchsten Tatragipfels

Vyšné Hágy – Batizovské pleso – Sliezsky dom – Tatranská Polianka

Talort: Vyšné Hágy, 1100 m.
Ausgangspunkt: Der Bahnhof der Bergbahn Vyšné Hágy.
Parkmöglichkeit: Parkplatz neben der Straße nach Štrbské Pleso, 400 m von der Kreuzung in Ortsmitte entfernt.
Gehzeiten: Batizovské pleso 2 Std., weiter nach Sliezsky dom 1 Std. Abstieg nach Tatranská Polianka 1½ Std. Gesamtgehzeit 4½ Std.
Anforderungen: Erhaltener Steig, teils steil. Die gesamte Tour ist markiert.
Höchster Punkt: Batizovské pleso, 1879 m.

Der Batizovské pleso ist der am niedrigsten gelegene See im Tal Batizovská dolina, er liegt hinter einem Moränenwall, der das Tal teilt. Der See hat keinen sichtbaren Zufluß, aus ihm entspringt aber der Bach Batizovský potok, der drei Wasserfälle bildet, die man von unserem Steig aus sehen kann.

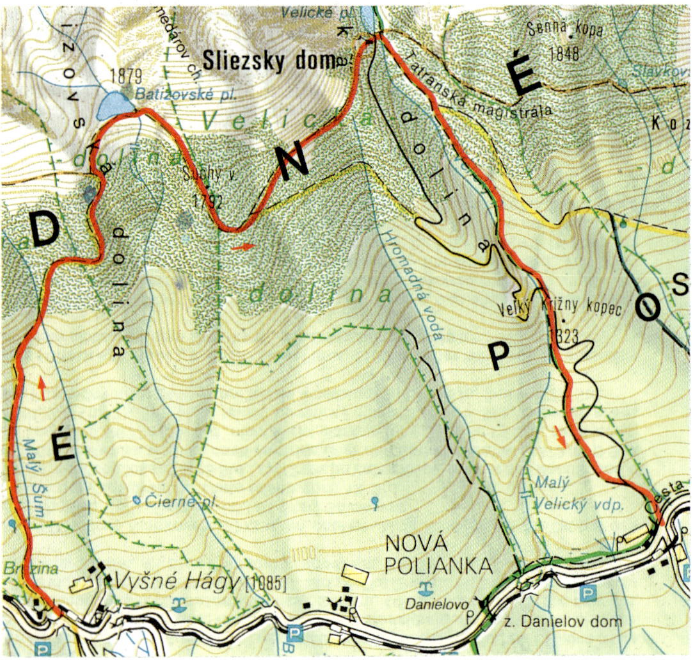

Der See Batizovské pleso mit dem Gipfel der Batizovský štít.

Vom Bahnhof der Bergbahn **Vyšné Hágy** in Westrichtung (gelbe Markierung) hinunter zur Autostraße – vis à vis auf der anderen Seite der Parkplatz – und rechts auf einem schotterigen Waldweg über die Bahnstrecke zum **Forsthaus**. Weiter oben verzweigt sich der Waldweg mehrmals; auf die Markierung achten! Vom Unterstellplatz auf einer Wiese auf Steig nach rechts, nach zwei steilen Steigungen über den **Bach Suchá voda** und hinter diesem über einen mit Latschenkiefern bewachsenen Hang zum Wegweiser, der sich am Fuße der Končistá befindet. Zusammen mit der roten Markierung oberhalb des Sees **Batizovské pleso** weiter und über die Südhänge des Kessels Gerlachovský kotol zum Berghotel **Sliezsky dom**.
Abstieg auf dem grün markierten Steig nach Tatranská Polianka. Rückkehr mit Bahn oder Bus zum Ausgangspunkt.

17 Sliezsky dom, 1670 m

Spaziergang zum Berghotel am See Velické pleso

Tatranská Polianka – Velická dolina – Gerlachovský hrebeň – Sliezsky dom

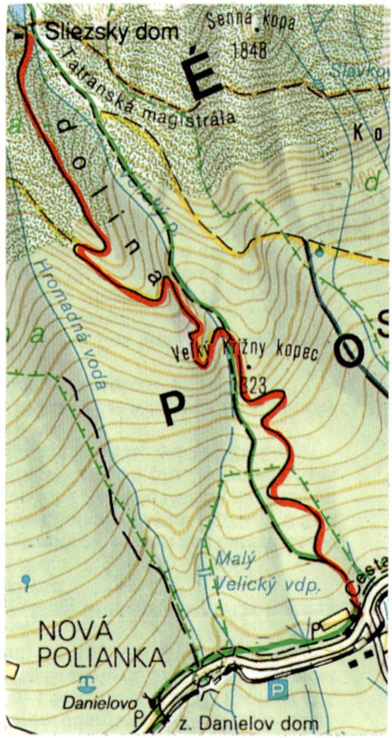

Talort: Tatranská Polianka, 1000 m.
Ausgangspunkt: Beim Wegweiser in der Ortsmitte.
Parkmöglichkeit: Auf der Nebenstraße in Richtung Svit, unterhalb der Bahnstrecke; ein größerer Parkplatz befindet sich an der Hauptstraße, 400 m westlich vom Ort.
Gehzeiten: Tatranská Polianka – Sliezsky dom 2½ Std. Abstieg 2 Std. Gesamtgehzeit 4½ Std.
Anforderungen: Mäßig steigender Fahrweg, der für den öffentlichen Verkehr gesperrt ist.
Höchster Punkt: Das Berghotel Sliezsky dom, 1670 m.
Einkehrmöglichkeit: Berghotel Sliezsky dom.

Das Berghotel Sliezsky dom liegt am Südufer des kleinen Sees Velické pleso. Von oben fließt der Bach Velický potok herab und mündet als Wasserfall in den See. Rings um den See führt ein Spazierweg, an seinem Ende befinden sich Bänke.

Von **Tatranská Polianka** auf grün markiertem Fahrweg an den Tenniscourts vorbei in den Wald und mäßig steigend zur Kurve, in der die grüne Markierung nach links auf einen nicht erhaltenen Steig abzweigt, der zwar direkt zum Ziel unserer Route führt, aber recht steil ist. Unser Weg führt in mehreren Kurven zum Wegweiser an der **Brücke** Velický most, 1304 m, quert den grün markierten Steig und leitet uns über die Brücke zum anderen Ufer des Baches Velický potok. Dem Hang des Bergkammes Gerlachovský hrebeň entlang, gelangt man nach 5 Kurven auf eine offene Berglehne mit Aussicht auf die Berggruppe Granátové veže und den Slavkovský štít. Nach zwei weiteren Kurven zweigt die gelbe Markierung nach links ab. Es folgt der letzte Abschnitt mit Aussicht ins Tal Velická dolina und auf das Berghotel **Sliezsky dom**, wo der Fahrweg endet. Die Rückkehr erfolgt auf dem Anstiegsweg.

Das Berghotel Sliezsky dom.

18 Poľský hrebeň, 2200 m, und Východná Vysoká, 2428 m

Eine über drei Täler emporragende Felspyramide

Starý Smokovec – Velická dolina – Dlhé pleso – Poľský hrebeň – Východná Vysoká

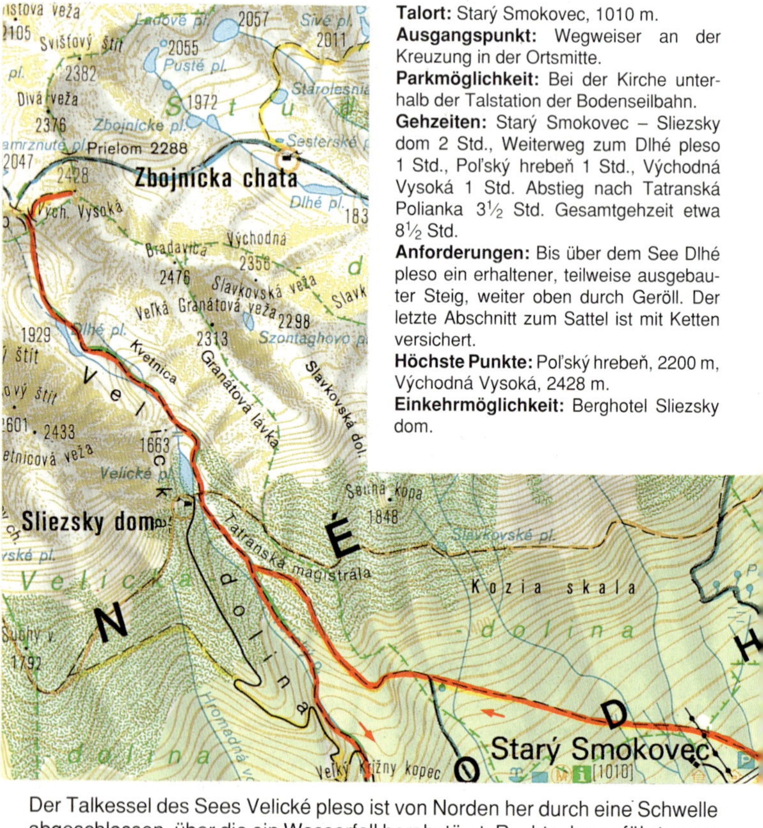

Talort: Starý Smokovec, 1010 m.
Ausgangspunkt: Wegweiser an der Kreuzung in der Ortsmitte.
Parkmöglichkeit: Bei der Kirche unterhalb der Talstation der Bodenseilbahn.
Gehzeiten: Starý Smokovec – Sliezsky dom 2 Std., Weiterweg zum Dlhé pleso 1 Std., Poľský hrebeň 1 Std., Východná Vysoká 1 Std. Abstieg nach Tatranská Polianka 3½ Std. Gesamtgehzeit etwa 8½ Std.
Anforderungen: Bis über dem See Dlhé pleso ein erhaltener, teilweise ausgebauter Steig, weiter oben durch Geröll. Der letzte Abschnitt zum Sattel ist mit Ketten versichert.
Höchste Punkte: Poľský hrebeň, 2200 m, Východná Vysoká, 2428 m.
Einkehrmöglichkeit: Berghotel Sliezsky dom.

Der Talkessel des Sees Velické pleso ist von Norden her durch eine Schwelle abgeschlossen, über die ein Wasserfall herabstürzt. Rechts davon führt unser Steig unterhalb überhängender Felsen zum Sattel Poľský hrebeň.

Der Sattel Poľský hrebeň, hinter diesem der Sattel Prielom und die Spitze Východná Vysoká.

Vom Gipfel Východná Vysoká hat man eine weit ausgedehnte Aussicht, vor allem ins Tal Veľká Studená dolina.
Vom Wegweiser in **Starý Smokovec** zwischen den Häusern hindurch (gelbe Markierung) und über die Straße, weiter oben über die Wiese mit einem Skilift und durch Wälder ins Tal **Velická dolina**. Weiter der grünen Markierung in nordwestlicher Richtung talaufwärts folgen, am See Velické pleso vorbei, über die Stufe des Wasserfalles und oberhalb des Sees **Dlhé pleso** in den Talschluß. Hier endet der Steig. Es folgt ein Felsband, durch einige mit Ketten versicherte Stufen unterbrochen, das bis zum Sattel **Poľský hrebeň** führt. Vom Sattel nach rechts, in nordöstlicher Richtung auf einem gelb markierten Steig zum **Gipfel**.
Die Rückkehr zum Sattel erfolgt ausschließlich auf derselben Route. Vom Sattel Poľský hrebeň kann man zum Berghotel **Sliezsky dom** zurückkehren und auf dem grün markierten Steig nach **Tatranská Polianka** gelangen, was den kürzesten Abstiegsweg bildet. Ein längerer und anstrengenderer Rückweg vom Sattel Poľský hrebeň verläuft über den Sattel **Prielom** (siehe Tour Nr. 23) und durch das Tal Veľká Studená dolina zur Bodenseilbahn am **Hrebienok**.

19 Gerlachovský štít, 2655 m

Durch Schluchten und über Felsen auf den höchsten Gipfel der Hohen Tatra

Tatranská Polianka – Sliezsky dom – Gerlachovský štít – Batizovské pleso

Der Gerlachovský štít befindet sich annähernd in der Mitte der Hohen Tatra. Im Süden ist er durch einen markanten Felskessel gekennzeichnet, wodurch der Berg beim Anblick aus dem Poprader Talkessel leicht von den übrigen Gipfeln zu unterscheiden ist. Lange Zeit galt der Gipfel als unersteigbar, und bis zum Jahre 1838 wußte man nicht einmal, daß es sich um den höchsten Gipfel der Hohen Tatra handelt.

Talort: Tatranská Polianka, 1000 m.
Ausgangspunkt: Das Berghotel Sliezsky dom, 1670 m. Von Tatranská Polianka (grüne Markierung) in 2 Std. oder von Stary Smokovec (gelbe Markierung) in 2 Std. erreichbar.
Parkmöglichkeit: In Tatranská Polianka auf der Nebenstraße in Richtung Svit.
Gehzeiten: Sliezsky dom – Gerlachovský štít 4 Std. Der Abstieg zum See Batizovské pleso 2½ Std. Die gesamte Tour mit Rückkehr nach Tatranská Polianka dauert 10 – 11 Std.

Anforderungen: Diese Tour gehört zu den schwierigsten Bergwanderungen in der Hohen Tatra. Es ist ein großer Höhenunterschied zu bewältigen! Meist wegloses, felsiges Gelände, mehrere Abschnitte im I. Schwierigkeitsgrad; die exponierten Stellen sind mit Ketten gesichert. Komplizierte Orientierung, da keine Markierungen! Nur mit Bergführer erlaubt!
Höchster Punkt: Gerlachovský štít, 2655 m.
Einkehrmöglichkeit: Hotel Sliezsky dom.

Vom Berghotel **Sliezsky dom** auf grün markiertem Steig über die Stufe des Wasserfalles Velický vodopád. Über den Bach und auf unmarkiertem Steig unter die Einmündung der Felsrinne **Velický žľab**. Bei der Wand rechts von der Einmündung mit Hilfe von Ketten bergauf und entlang der Felsrinne zum Grat. Von der ersten Scharte oberhalb des Kessels zu einer weiteren Scharte im Südwestgrat. Von hier ist der Gipfel schon zu sehen. Durch unübersichtliches Gelände über mehrere Felsrippen in den oberen Teil der Schlucht **Batizovský žľab** und hinter dieser auf den Gipfel.
Vom Gipfel auf der Aufstiegsroute zurück zur zweiten Felsrinne. Hier bergab in die Schlucht Batizovský žľab, die mit einer 100 m hohen Wand endet. Diese wird über die sogenannte »**Batizovská próba**« umgangen (Ketten). Unterhalb der Wand auf einem Steig nach Südwesten zum **Batizovské pleso**. Nun auf roter Markierung zum Wegweiser unter dem Hügel Suchý. Von hier gelbe Markierung ins Tal Velická dolina, danach grüne Markierung nach **Tatranská Polianka**.

Der Gipfel des Gerlachovský štít. Links die Spitze des Zadný Gerlach, ...

... rechts der dreizackige Turm des Čertová veža mit der ersten Aufstiegsscharte.

20 Bradavica, 2476 m

Ein Berg mit vier Gipfeln

Hrebienok – Sliezsky dom – Kvetnica – Bradavica

Talort: Starý Smokovec, 1010 m.

Ausgangspunkt: Hrebienok, Bergstation der Bodenseilbahn aus Starý Smokovec, 1280 m. Erholungsheim, Restaurant, Skilifte.

Parkmöglichkeit: Bei der Kirche unterhalb der Talstation der Bodenseilbahn.

Gehzeiten: Hrebienok – Sliezsky dom 2 Std., weiter nach Kvetnica ¾ Std., Aufstieg auf den Gipfel Bradavica 2¼ Std. Abstieg zum Berghotel Sliezsky dom 2 Std., weiter nach Starý Smokovec 2 Std. Gesamtgehzeit 9 Std.

Anforderungen: In den Talkessel Kvetnica führt ein ausgebauter, markierter Steig. Weiter steiles Gehgelände mit Stellen im I. Schwierigkeitsgrad, keine Markierungen. Im oberen Teil exponiert, je nach den Umständen ist eine Seilsicherung erforderlich. Nur mit Bergführer erlaubt!

Höchster Punkt: Bradavica, 2476 m.

Einkehrmöglichkeit: Berghotel Sliezsky dom.

Beim Anblick aus dem Tal Velická dolina hat der Gipfel Bradavica die Form eines niedrigen Zylinders mit vier Gipfeln. Der höchste ist der Nordostgipfel,

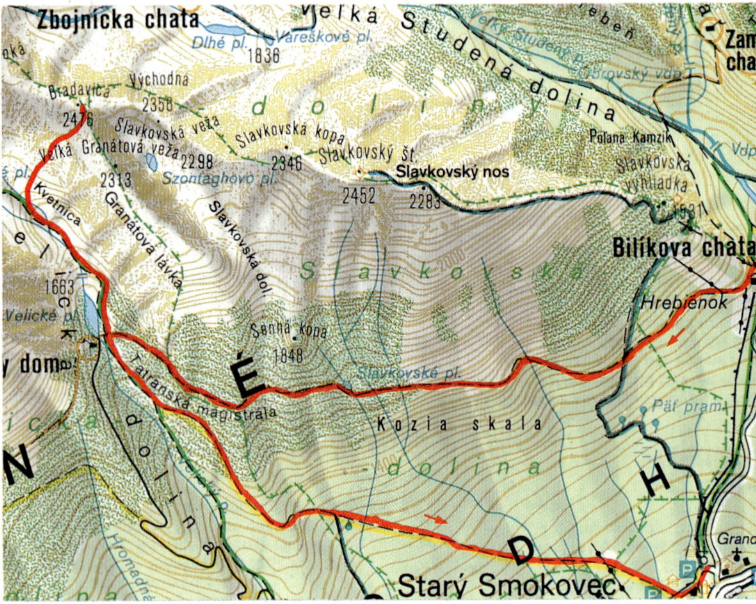

Der Granátové-veže-Kamm, links der Gipfel des Bradavica.

aber fast genauso hoch ist der Ostgipfel, das übliche Ziel der Bergwanderer. Dort befindet sich auch ein Gipfelbuch.

Von der **Bergstation** der Bodenseilbahn auf rot markiertem Steig in westlicher Richtung über den Berghang der Slavkovský štít und unterhalb der Einmündung des Tales Slavkovská dolina zum Wegweiser beim Berghotel **Sliezsky dom**. Weiter nach rechts (grüne Markierung), über die Stufe mit dem Wasserfall in den Talkessel **Kvetnica**. Die Aufstiegsroute wird von der Südwestschlucht des Gipfels Bradavica bestimmt. Ihr unterer Teil ist an einigen Stellen durch ungangbare Stufen unterbrochen, der obere Teil geht unter dem Sattel Kvetniocvé sedlo in einen senkrechten Kamin über. Beide Teile werden durch ein klettertechnisch unschwieriges, was die Orientierung anbelangt aber sehr schwieriges Gelände umgangen.

Der **Abstieg** wird gewöhnlich auf der gleichen Route durchgeführt; nur ausnahmsweise, wenn in der Nordschlucht kein Schnee liegt, kann man die Tour zum Sattel unter dem Gipfel Kupola fortsetzen und zum See Dlhé pleso hinabsteigen.

21 Slavkovský štít, 2452 m

Über einen langen, felsigen Kamm

Hrebienok – Slavkovská vyhliadka – Nos – Slavkovský štít

Talort: Starý Smokovec, 1010 m.
Ausgangspunkt: Hrebienok, 1280 m, die Bergstation der Bodenseilbahn aus Starý Smokovec.
Parkmöglichkeit: Bei der Kirche unterhalb der Talstation der Bodenseilbahn.
Gehzeiten: Hrebienok – Slavkovská vyhliadka $\frac{3}{4}$ Std., weiter nach Nos $2\frac{1}{4}$ Std., nach Slavkovský štít 1 Std., Abstieg direkt nach Starý Smokovec 3 Std. Gesamtgehzeit 7 Std.
Anforderungen: Ausgebauter Steig, stellenweise etwas steil. Die gesamte Tour ist markiert. Der Bergkamm ist sehr dem Wind ausgesetzt und bei Gewitter blitzschlaggefährdet. Nur bei sicheren Wetterverhältnissen ratsam!
Höchste Punkte: Nos, 2272 m, Slavkovský štít, 2452 m.
Einkehrmöglichkeit: Unterwegs keine.

Der Slavkovský štít ist ein ausgedehnter Bergkamm, der zwei Gesichter besitzt. Nach Südwesten neigt sich der Gipfel mit einem mäßig steilen Berghang, aber in nordöstlicher Richtung fällt er mit mächtigen Felswänden fast 1000 Meter tief ins Tal Veľká Studená dolina ab. An der Grenze dieser beiden so unterschiedlichen Seiten führt auf dem Südostkamm unser Steig bis zum Sattel hinter dem Vorgipfel Nos hinauf.

Der Slavkovský štít, am Rand der Wolke der Südostkamm.

Von **Hrebienok** in westlicher Richtung auf rot markiertem Steig in 20 Min. zum ersten Scheideweg. Aus Starý Smokovec führt ein blau markierter Steig hierher, auf dem wir unsere Tour rechts bergaufwärts bis zur **Aussichtshöhe** Slavkovská vyhliadka fortsetzen (25 Min.). Hier endet der Wald, der Steig umgeht vorerst den Kamm in einigen Serpentinen, bis er schließlich auf den Bergkamm hinaufgelangt. Mit Ausnahme zweier kurzer Abschnitte auf der Nordseite führt er nun ständig entlang der Südseite bis zum **Vorgipfel Nos** hinauf. Der letzte Abschnitt verläuft auf einem breiteren Berghang bis auf den **Gipfel**, der vom Sattel noch 500 m entfernt ist.
Der **Abstieg** erfolgt auf derselben Route. Vom Wegweiser auf rot markiertem Steig direkt bergabwärts und den blauen Markierungen zur Talstation der Bodenseilbahn in **Starý Smokovec** folgen.

22 Zbojnícka chata, 1960 m

Durch ein malerisches Tal zu den Wiesen bei sechs kleinen Seen

Hrebienok – Kamzík – Veľká Studená dolina – Zbojnícka chata

Talort: Starý Smokovec, 1010 m.
Ausgangspunkt: Hrebienok, 1280 m, Bergstation der Bodenseilbahn aus Starý Smokovec. Erholungsheim, Restaurant, Skilifte.
Parkmöglichkeit: Bei der Kirche unterhalb der Talstation der Bodenseilbahn.
Gehzeiten: Hrebienok – Zbojnícka chata 2½ Std., Abstieg 2 Std., Gesamtgehzeit 4½ Std.
Anforderungen: Ausgebauter Steig mit mäßiger Steigung. Die gesamte Tour ist markiert.
Höchster Punkt: Zbojnícka chata, 1960 m.
Einkehrmöglichkeiten: Die Schutzhütten Bilíkova chata und Zbojnícka chata.

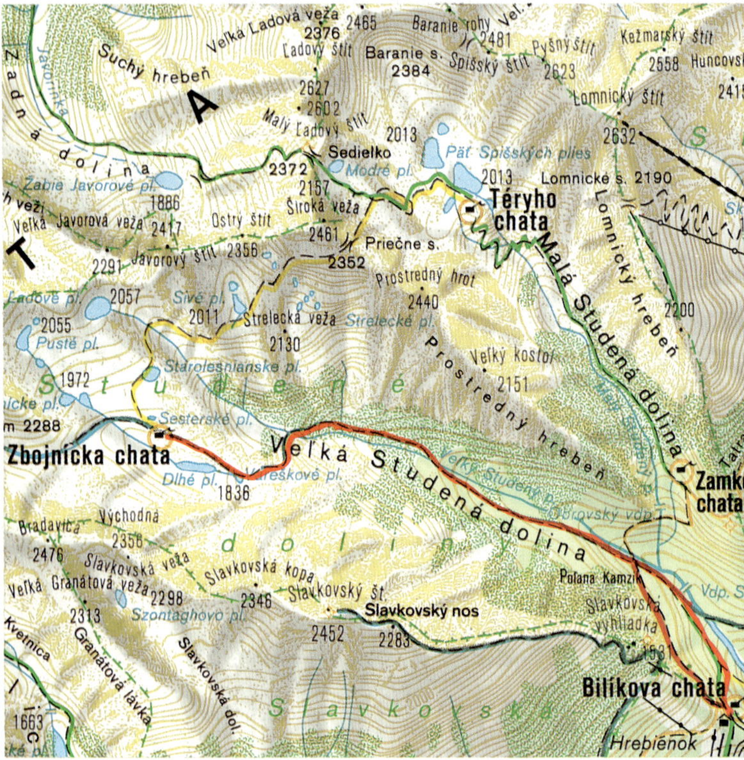

Auf den Wiesen in der Umgebung der Schutzhütte Zbojnícka chata befinden sich sechs Seen. Der schönste von diesen ist der See Starolesnianske pleso. Er ist von der Schutzhütte in 10 Min. auf gelb markiertem Steig zu erreichen.
Vom **Hrebienok** nach Nordwesten auf einem rot markierten Weg zur Kreuzung der Wanderwege bei der Bergwiese **pol'ana Kamzík**. Vorsicht vor Steinschlag! Der Abschnitt kann auf einem Steig neben den Wasserfällen umgangen werden; grüne und blaue Markierung, ½ Std. Von der Kreuzung auf dem blau markierten Steig ins Tal **Vel'ká Studená dolina**, nach ½ Std. hört der Wald auf. Etwa 20 Min. später über eine Brücke, 1560 m, auf die Nordostseite des Baches und weiter oben die Talschwelle zur Engstelle Brána queren. Wieder über den Bach nach Süden und steil in 20 Min. in den Talkessel des Sees **Vareškove pleso**. Wir gehen nun nicht zu diesem See hinunter, sondern von hier, 1843 m, in westlicher Richtung bergauf und oberhalb des Sees Dlhé pleso vorbei zur **Schutzhütte**.
Der Abstieg erfolgt auf derselben Route.

Die Schutzhütte Zbojnícka chata. Dahinter Východná Vysoká und Sattel Prielom (Mitte).

23 Prielom, 2288 m, und Poľský hrebeň, 2200 m

Die interessanteste Bergwanderung in der Hohen Tatra

Hrebienok – Zbojnícka chata – Prielom – Poľský hrebeň – Sliezsky dom – Starý Smokovec

Vom Bergsattel Prielom genießt man eine prächtige Aussicht auf die imposante, rund 800 m hohe Ganek-Nordwand sowie auf den Rumanov štít und Zlobivá.

Von der Höhe **Hrebienok** zur Schutzhütte Zbojnícka chata wie bei Tour 22. Von der Schutzhütte auf blau markiertem Steig am See **Zbojnícke plesá** vorbei und am Fuße des Svišťový štít in den Kessel unter dem Gipfel Divá veža. Über den Hang rechts der Felsrinne zum Sattel **Prielom**.

Der **Abstieg** erfolgt auf der anderen Seite des Sattels, die mit einer 20 m langen Kette versichert ist. Auf einen Geröllkegel und in Serpentinen in den Talkessel **Zamrznutý kotol**. Dem Steig folgt man nicht bis zum See. Nach einer längeren Querung am Fuße der Nordwestwand des Východná Vysoká kommt man zu einem Wegweiser, der sich unterhalb des Sattels Poľský hrebeň befindet.

Vom Wegweiser der grünen Markierung folgen, schließlich steil bergauf in ¼ Std. zum Sattel **Poľský hrebeň** (brüchige Steine!).

Abstieg vom Sattel Poľský hrebeň ins Tal Velická dolina: Über ein Felsband, das durch mehrere Stufen unterbrochen und mit Ketten versichert ist, in Richtung des Geröllfeldes am Fuße des Südwesthanges der Spitze Východná Vysoká.

Weiter auf grün markiertem Steig am See Dlhé pleso und am Berghotel Sliezsky dom vorbei auf die Wiese Velická poľana, 1562 m.

Von hier aus geht es auf dem gelb markiertem Steig nach Starý Smokovec.

Talort: Starý Smokovec, 1010 m.

Ausgangspunkt: Hrebienok, 1280 m, Bergstation der Bodenseilbahn aus Starý Smokovec.

Parkmöglichkeit: Bei der Kirche unterhalb der Talstation der Bodenseilbahn nach Hrebienok.

Gehzeiten: Hrebienok – Zbojnícka chata 2½ Std., weiter nach Prielom 1¼ Std., nach Poľský hrebeň 1 Std., Sliezsky dom 1½ Std., Starý Smokovec 2 Std. Gesamtgehzeit etwa 8 bis 9 Std.

Anforderungen: In den Tälern ausgebaute Steige, auf den Übergängen über beide Sättel nur stellenweise Steige, die schwierigeren Abschnitte sind mit Ketten gesichert. Die gesamte Tour ist markiert. Die Tour ist nur gangbar, wenn auf den Steilhängen kein Schnee liegt. Über die Verhältnisse kann man Informationen beim Bergdienst in Starý Smokovec erhalten.

Höchste Punkte: Der Sattel Prielom, 2288 m, und der Sattel Poľský hrebeň, 2200 m.

Einkehrmöglichkeiten: Die Schutzhütte Zbojnícka chata und das Berghotel Sliezsky dom.

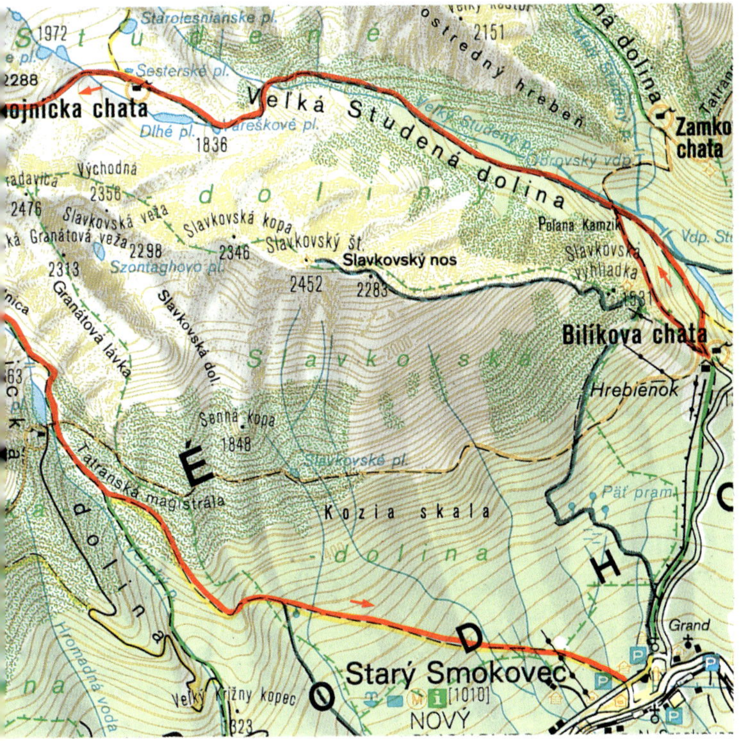

24 Sivé plesá, 2011 m, und Strelecká veža, 2130 m

Ein alter Jagdstandort oberhalb des Tales Veľká Studená dolina

Hrebienok – Zbojnícka chata – Sivé plesá – Strelecká veža

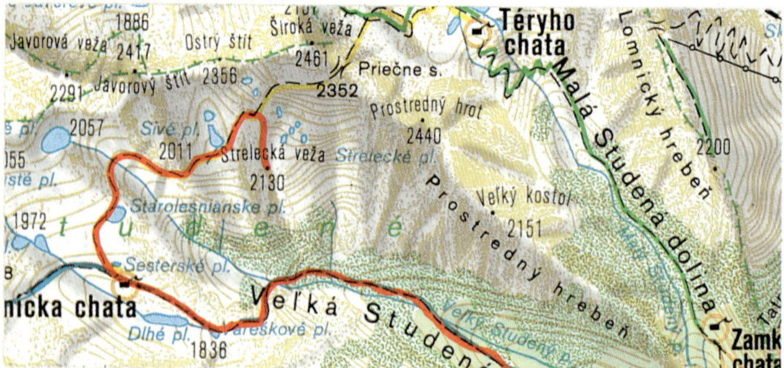

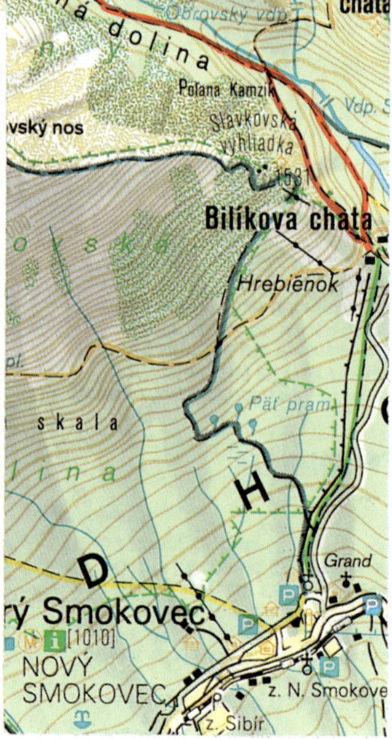

Talort: Starý Smokovec, 1010 m.
Ausgangspunkt: Hrebienok, 1280 m, die Bergstation der Bodenseilbahn aus Starý Smokovec.
Parkmöglichkeit: Bei der Kirche unterhalb der Talstation der Bodenseilbahn.
Gehzeiten: Hrebienok – Zbojnícka chata $2\frac{1}{2}$ Std., weiter nach Sivé plesá 1 Std., nach Strelecká veža $\frac{1}{2}$ Std., Gesamtgehzeit 7 Std.
Anforderungen: Durch das Tal ist der Steig gut ausgebaut, von der Hütte bis zum Gipfel jedoch nur noch erhalten. Bis auf die letzten 200 m ist die gesamte Tour markiert.
Höchste Punkte: Sivé plesá, 2011 m, Strelecká veža, 2130 m.

Die meisten Touristen, die ins Tal Veľká Studená dolina kommen, beenden ihre Tour mit einem Besuch der Schutzhütte Zbojnícka chata. Scheinbar gibt es hier keine Fortsetzung, da der Übergang über den Sattel Prielom erheblich anstrengender und der Übergang über den Sattel Priečne sedlo nur in gegengesetzter Richtung gestattet ist. Auf Reichweite existiert hier aber ein lohnendes Wanderziel – die Seen Sivé plesá oder die nahegelegene Spitze Strelecká veža, die uns mit einer schönen Aussicht belohnt.

Von der Ausichtshöhe **Hrebienok** zur Schutzhütte Zbojnícka chata wie bei Tour Nr. 22. Von der Schutzhütte in nordwestlicher Richtung auf gelb markiertem Steig 100 m bis zum Scheideweg. Nach rechts weiter, am nordwestlichen Ufer des Sees **Sesterské pleso** vorbei und auf Wiesengelände zum See Starolesnianske pleso. Nach einem mäßig steilen Abstieg am Wandfuß des Javorový štít zu den Seen **Sivé plesá**. Hier ist in nordöstlicher Richtung die Anhöhe zwischen den Spitzen Ostrý štít und Strelecká veža zu sehen. In einigen Serpentinen zur Anhöhe hinauf und von dort nach Süden auf einem unmarkierten Steig bequem zum **Gipfel** des Strelecká veža.

Die Rückkehr erfolgt auf derselben Route. Beide Talkessel, die den Turm umgeben, sind strenge Naturreservate, die man nicht betreten darf.

Der Gipfel des Strelecká veža, links die Spitze Ostrý štít.

25 Vodopády Studeného potoka, 1250 m

Entlang von Wasserfällen auf die Aussichtshöhe Lomnická vyhliadka

Hrebienok – vodopády – pol'ana Kamzík – Lomnická vyhliadka

Talort: Starý Smokovec, 1010 m.
Ausgangspunkt: Hrebienok, 1280 m, die Bergstation der Bodenseilbahn aus Starý Smokovec.
Parkmöglichkeit: Bei der Kirche, unterhalb der Talstation der Bodenseilbahn.
Gehzeiten: Hrebienok – pol'ana Kamzík ½ Std., weiter nach Lomnická vyhliadka ¾ Std. Abstieg 1 Std. Gesamtgehzeit 2½ Std.
Anforderungen: Ausgebauter, beliebter Wanderweg, die gesamte Route ist markiert.
Höchster Punkt: Lomnická vyhliadka, 1525 m.
Einkehrmöglichkeiten: Die Schutzhütten Bilíkova chata, Zamkovského chata (chata kpt. Nálepku).

Die Schutzhütte Zamkovského chata, im Hintergrund der Kamm Lomnický hrebeň.

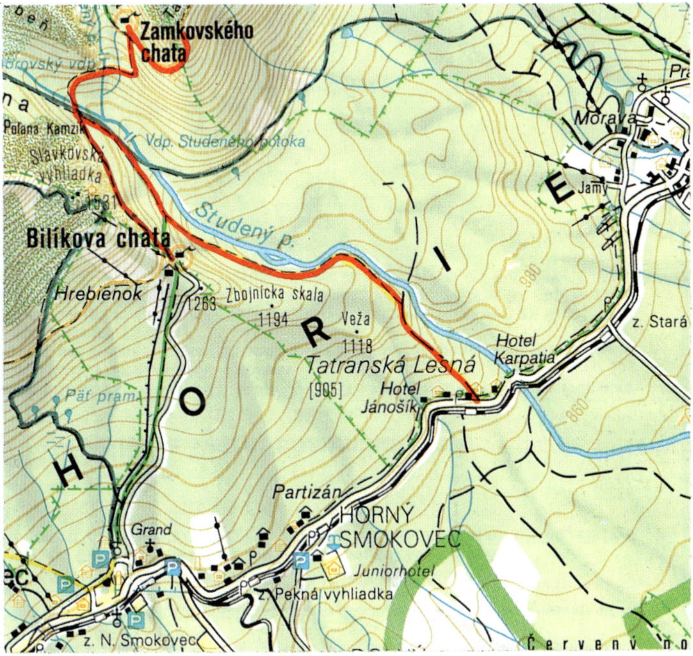

Die Bäche aus den beiden Tälern Studené doliny bilden eine Reihe kleinerer Wasserfälle, an denen dieser Wanderweg vorbeiführt.

Von der **Bergstation** der Bodenseilbahn auf dem Hrebienok zum Wegweiser und auf grün markiertem Steig zur **Schutzhütte** Bilíkova chata absteigen. Ständig bergab auf mehreren Serpentinen zu den **Wasserfällen**. Vom Wegweiser, der sich oberhalb des Mittleren Wasserfalles befindet, auf blau markiertem Steig bergauf zur Bergwiese **pol'ana Kamzík**. Nun nach rechts, auf rot markiertem Steig vor dem Riesenwasserfall zum Scheideweg vor der Schutzhütte Zamkovského chata (chata kpt. Nálepku), 1462 m. Zur Hütte zweigt ein grün markierter Steig ab. Vom Scheideweg setzen wir unsere Tour noch 10 Min. auf rot markiertem Steig zur Aussichtshöhe **Lomnická vyhliadka** fort.

Der **Abstieg** erfolgt auf derselben Route bis zum Wegweiser oberhalb des mittleren Wasserfalls. Von hier entweder nach oben zur Bodenseilbahn ($\frac{1}{4}$ Std.) oder auf gelb markiertem Steig entlang des Baches Studený potok bergab zur Haltestelle der Bergbahn Tatranská Lesná ($1\frac{1}{2}$ Std.).

26 Téryho chata, 2015 m

Durch das Tal Malá Studená dolina

Hrebienok – Kamzík – Téryho chata – Spišské plesá

Talort: Starý Smokovec, 1010 m.
Ausgangspunkt: Hrebienok, 1280 m, die Bergstation der Bodenseilbahn aus Starý Smokovec.
Parkmöglichkeit: Bei der Kirche unterhalb der Talstation der Bodenseilbahn.
Gehzeiten: Hrebienok – Téryho chata $2\frac{1}{2}$ Std., Abstieg 2 Std. Gesamtgehzeit $4\frac{1}{2}$ Std.
Anforderungen: Ausgebauter Steig, am Ende steil. Die gesamte Tour ist markiert.
Höchster Punkt: Die Schutzhütte Téryho chata, 2015 m.
Einkehrmöglichkeit: Die Schutzhütten Zamkovského chata (chata kpt. Nálepku), Téryho chata.

Téryho chata ist eine aus Stein erbaute, von weiter Ferne bereits sichtbare Schutzhütte, die auf einem hohen Absatz der vierten Terrassenstufe des Tales Malá Studená dolina liegt.

Vom **Hrebienok** auf dem rot markierten Weg in nordwestlicher Richtung zur Kreuzung der Wanderwege bei der Bergwiese **pol'ana Kamzík**. Vorsicht vor Steinschlag! Weiter auf dem rot markierten Steig zum Scheideweg, 1462 m. Nach links (grüne Markierung), an der Hütte Zamkovského chata (chata kpt. Nálepku) vorbei und bergauf ins Tal **Malá Studená dolina**. Hinter der dritten Terrasse führt der Steig unter dem Wasserfall hindurch auf die westliche Seite des Tales. In Serpentinen steigt der Steig steil einem Geröllkegel unter der Felswand der Prostredný hrot empor. Hinter einer Verengung zwi-

Die Schutzhütte Téryho chata mit dem See Predné Spišské pleso.

schen Felsblöcken gelangt der Steig auf den letzten Hang, der zur **Schutzhütte** führt.
Der **Abstieg** erfolgt auf derselben Route.

27 Priečne sedlo, 2352 m

Schwieriger Übergang über einen felsigen Sattel

Hrebienok – Téryho chata – Priečne sedlo – Zbojnícka chata – Hrebienok

Talort: Starý Smokovec, 1010 m.
Ausgangspunkt: Hrebienok, 1280 m, die Bergstation der Bodenseilbahn aus Starý Smokovec.
Parkmöglichkeit: Bei der Kirche unterhalb der Talstation der Bodenseilbahn.
Gehzeiten: Hrebienok – Téryho chata 2½ Std., weiter nach Priečne sedlo 1½ Std., nach Zbojnícka chata 1½ Std. Zurück nach Hrebienok 2 Std. Gesamtgehzeit 7½ Std.
Anforderungen: Im Tal ein ausgebauter Steig, Aufstieg zum Sattel mit Ketten gesichert, im Abstieg ein kurzer Abschnitt im Schutthang. Die Tour ist markiert, der Übergang ist aber nur in schneefreiem Zustand möglich. Wegen der Beliebtheit der Tour ist es ratsam, den Übergang über den Sattel vor 11.00 Uhr vormittags durchzuführen. Der Übergang über den Sattel in gegengesetzter Richtung ist verboten.
Höchster Punkt: Priečne sedlo, 2352 m.
Einkehrmöglichkeiten: Die Schutzhütten Zamkovského chata (chata kpt. Nálepku), Téryho chata, Zbojnícka chata.

Priečne sedlo, eine schmale, doppelte Scharte zwischen den Gipfeln Široká veža und Priečna veža, bietet die einzige Übergangsmöglichkeit über diesen Bergkamm. Da die Schuttrinne, die vom Sattel ins Tal dolinka pod Sedielkom herabfällt, oft bis in den Sommer schneegefüllt und daher für den Aufstieg ungeeignet ist, verläuft der Steig rechts auf den mit Ketten versicherten Felsen. Durch zeitigen Aufbruch kann man einen möglichen »Stau« an den Ketten vermeiden.
Wie bei Tour 26 zur **Téryho-Hütte** und in nordwestlicher Richtung auf Felsplatten weiter, gelben und grünen Markierungen folgend. Über den Ausfluß des

Široká veža, Priečne sedlo und Priečna veža.

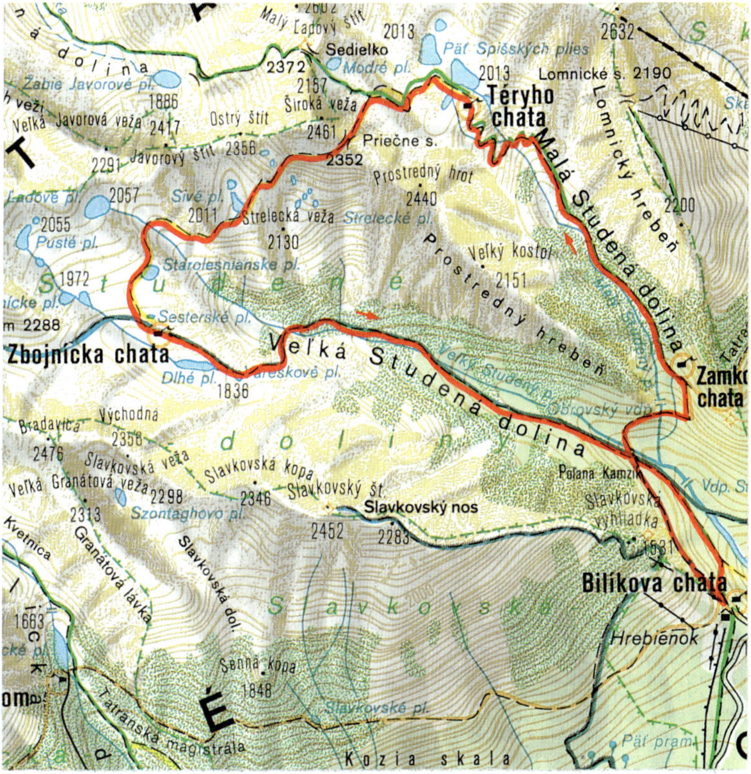

Sees **Veľké Spišské pleso** und über den südöstlichen Ausläufer des Malý Ľadový štít ins Tal **dolinka pod Sedielkom** zum Wegweiser. Nach links (gelbe Markierungen) zu den Felsen am Fuße des Berges Široká veža – rechts von der Schlucht der Scharte Priečne sedlo. Über Felsen, die mit Ketten versehen sind, zur **Scharte**.

Auf der anderen Seite wartet ein unangenehmer, kurzer Abstieg auf einem Schutthang. Unterhalb der Südwand des Berges Široká veža geht es auf einem Steig, an den Seen Sivé plesá vorbei, zur **Hütte Zbojnícka chata**. Von dort führt eine blaue Markierung bergab durch das Tal Veľká Studená dolina. Von der Bergwiese poľana Kamzík gelangt man auf einem rot markierten Weg zur Bodenseilbahn – nach **Starý Smokovec**.

28 Prostredný hrot, 2441 m

Ein schöner, aber schwer zugänglicher Berggipfel

Hrebienok – Téryho chata – sedlo za Prostredným – Prostredný hrot

Talort: Starý Smokovec, 1010 m.
Ausgangspunkt: Hrebienok, 1280 m, Bergstation der Bodenseilbahn aus Starý Smokovec.
Parkmöglichkeit: Bei der Kirche unterhalb der Talstation der Bodenseilbahn.
Gehzeiten: Hrebienok – Téryho chata 2½ Std., zum Sattel 2 Std., zum Gipfel 1 Std., Abstieg durchs Tal Veľká Studená dolina 4½ Std. Gesamtgehzeit 10 Std.

Anforderungen: Seilsicherung erforderlich! Keine Markierungen, keine Ketten, exponierte Lage. Nur für erfahrene Bergwanderer empfehlenswert. Nur mit Bergführer erlaubt!
Höchste Punkte: Prostredný hrot, 2441 m, eventuell Žltá veža, 2385 m.
Einkehrmöglichkeiten: Die Schutzhütten Zamkovského chata (chata kpt. Nálepku), Téryho chata.

Der markante Berggipfel des Prostredný hrot ist der höchste im Bergkamm zwischen den Tälern Malá und Veľká Studená dolina. Seine Steilhänge, mit

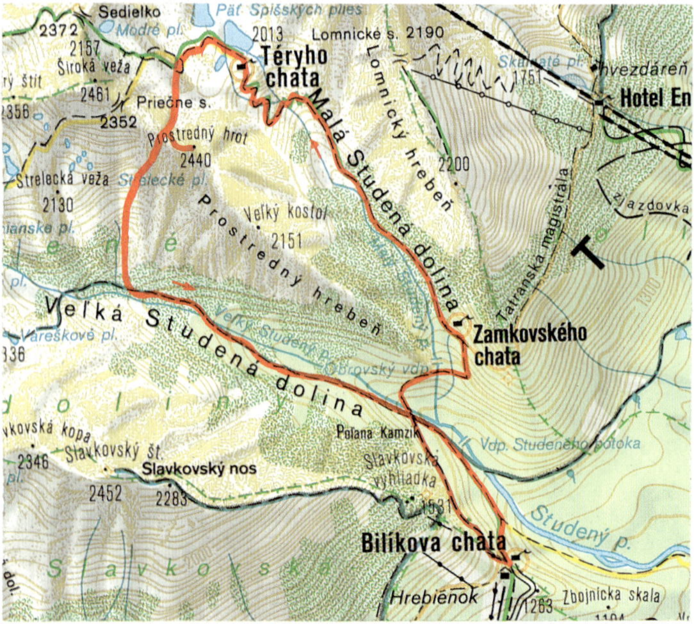

Die Spitzen Žltá veža, Malý hrot und Prostredný hrot.

denen er nach Südosten hin abbricht, sind steinschlaggefährdet. Nach Norden fällt der Gipfel mit einer schönen Wand ab, deren Gliederung einen Aufstiegsweg ermöglicht.

Wie bei Tour Nr. 26 zur **Hütte Téryho chata**. Von der Hütte anfangs auf gelb und grün markiertem Steig in nordwestlicher Richtung weiter, aber bereits vor der ersten Steigung nach links und über Geröll unter die Nordwand. In ihr sieht man ein Felsband, das die Wand etwa in der Mitte teilt. Steil durch die Rinne hinauf und auf das untere, linke Ende des Felsbandes. Auf diesem nach rechts bergauf zum **Sattel** zwischen Malý hrot und Žltá veža. Der steile Gipfelaufschwung wird auf der Ostseite bis zum Südostkamm umgangen, der schließlich auf den **Gipfel** führt. (Vom Sattel 10 Minuten auf Žltá veža, leicht.)

Der **Abstieg** erfolgt auf der Aufstiegsroute in den Sattel sedlo za Prostredným. In der Felsrinne nach Süden, auf Geröll bergab zum blau markierten Steig, der uns zum Ausgangspunkt zurückbringt.

29 Ľadový štít, 2627 m

Über das steinerne Roß auf den dritthöchsten Gipfel der Hohen Tatra

Hrebienok – Téryho chata – Ľadová priehyba – Ľadový štít

Talort: Starý Smokovec, 1010 m.
Ausgangspunkt: Hrebienok, 1280 m, die Bergstation der Bodenseilbahn aus Starý Smokovec.
Parkmöglichkeit: Bei der Kirche unterhalb der Talstation der Bodenseilbahn.
Gehzeiten: Hrebienok – Téryho chata 2½ Std., zum Sattel 2 Std., zum Gipfel 1 Std. Abstieg zur Hütte 2 Std. Gesamtgehzeit 10 Std.
Anforderungen: Ab der Hütte Téryho chata stellenweise Steig, auf dem Grat Abschnitte im I. Schwierigkeitsgrad. Sehr exponiert.
Keine Markierungen. Nur mit Bergführer erlaubt!
Höchster Punkt: Ľadový štít, 2627 m.
Einkehrmöglichkeiten: Die Schutzhütten chata kpt. Nálepku-Zamkovského chata, Téryho chata.

Der Nordostgrat des Ľadový štít endet an dem nicht sehr markanten kleinen Sattel Ľadová priehyba, 2500 m. Dieser Sattel ist mit dem Talboden durch eine schräge Rampe verbunden, auf der unser Aufstieg verläuft.
Wie bei Tour 26 zur **Schutzhütte Téryho chata**. Weiter in nordwestlicher Richtung anfangs auf gelb und grün markiertem Steig, aber schon vor der ersten Steigung nach rechts auf einen nicht markierten Steig abzweigen. Über Geröll, zwischen dem See rechts und dem Hang der Malý Ľadový štít links, in mäßiger Steigung in den **Talschluß**. Der Steig verschwindet teilweise völlig. Im Talschluß befinden sich zwei Geröllkegel, der rechte unterhalb des tiefsten

Das Tal Ľadová dolinka mit dem Gipfel Ľadový štít.

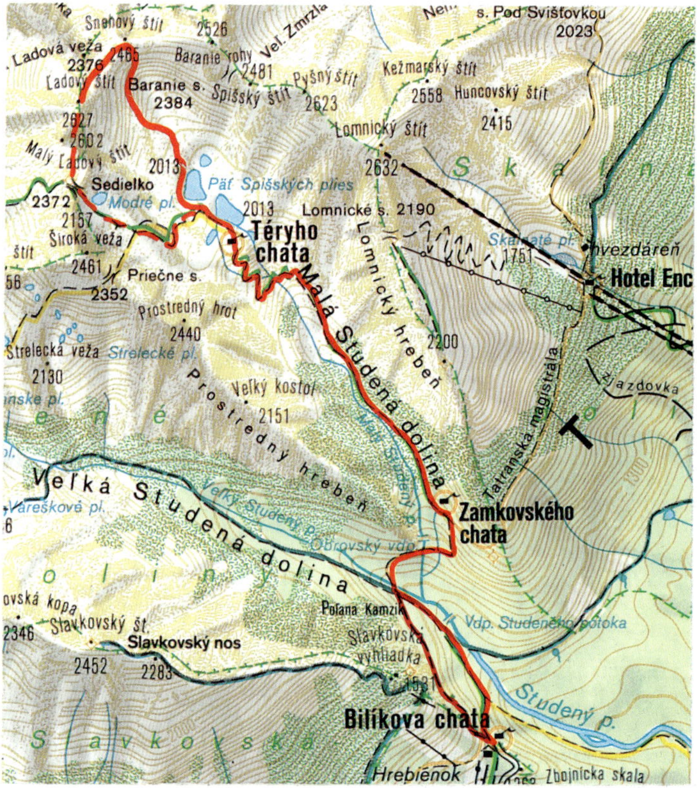

Sattels im Bergkamm, über dem linken beginnt unsere Rampe. Auf dieser quer bergauf nach links auf den Bergkamm, den sie im **Sattel** Ľadová priehyba erreicht. Auf dem Bergkamm weiter nach Südwesten, hier sind einige exponierte Felszähne zu bewältigen. Seilsicherung erforderlich! Aufgrund dieses 20 Meter langen Abschnitts wurde die gesamte Route »über das steinerne Roß« benannt. Es besteht aber auch eine andere Aufstiegsmöglichkeit: vom Sattel Ľadova priehyba über das Felsband quer durch die Nordostwand zum Westgrat und auf diesem zum Gipfel.
Der **Abstieg** erfolgt auf der Aufstiegsroute. Nur bei günstigen Bedingungen: auf Bändern den Gipfel Malý Ľadový štít zum Sattel Sedielko umgehen und zur Hütte auf dem grün markierten Steig zurückkehren.

30 Baranie rohy, 2526 m

Auf dem Gemsensteig zum Gipfel im Hauptkamm

Hrebienok – Téryho chata – Baranie sedlo – Baranie rohy

Talort: Starý Smokovec, 1010 m.
Ausgangspunkt: Hrebienok, 1280 m, die Bergstation der Bodenseilbahn aus Starý Smokovec.
Parkmöglichkeit: Bei der Kirche unterhalb der Talstation der Bodenseilbahn.
Gehzeiten: Hrebienok – Téryho chata 2½ Std., weiter zum Sattel 1½ Std., auf den Gipfel ½ Std. Abstieg auf derselben Route 3½ Std. Gesamtgehzeit 8 Std.
Anforderungen: Ab der Hütte ein nur stellenweise ausgetretener Steig, ansonsten über Geröll, vom Sattel auf den Gipfel Stellen im I. Schwierigkeitsgrad. Keine Markierungen, keine Sicherungen. Nur mit Bergführer erlaubt!
Höchster Punkt: Baranie rohy, 2526 m.
Einkehrmöglichkeit: Die Schutzhütten chata kpt. Nálepku-Zamkovského chata, Téryho chata.

Der Baranie rohy ist ein markanter Gipfel mit einer schiefen Gipfelterrasse nördlich der Hütte Téryho chata. Eigentlich hat er drei Gipfel: Der höchste ist der Südostgipfel, gleich hinter diesem befindet sich der Nordwestgipfel und etwa 100 m weiter der dritte, der einen Knotenpunkt im Hauptkamm bildet und Barania strážnica heißt.

Wie bei Tour Nr. 26 zur **Hütte Téryho chata**, von dort nach Norden über den Bach. Auf der anderen Seite des Sees, unterhalb des Bergturmes Spišská veža, zu einer Schwelle, über diese in die Schuttrinne, die sich nach oben hin verengt und schließlich im **Sattel** Baranie sedlo endet. Auf der Südseite des Bergkammes bergauf, in nordwestlicher Richtung auf die Gipfelterrasse und auf den **Südostgipfel**.

Der **Abstieg** erfolgt auf derselben Route.

Die Gipfel Baranie rohy und Čierny štít.

31 Skalnaté pleso, 1751 m

Mit der Seilbahn zum Bergsee am Fuße des Lomnický štít

Tatranská Lomnica – Skalnaté pleso – Hrebienok – Starý Smokovec

Talort: Tatranská Lomnica, 850 m.
Ausgangspunkt: Die Talstation einer der beiden Seilbahnen zum Bergsee Skalnaté pleso.
Parkmöglichkeit: Parkplätze bei den Talstationen.
Gehzeiten: Auffahrt mit der Seilbahn zum See Skalnaté pleso 20 Min. Abstieg zum Hrebienok 1½ Std., von hier aus mit der Bodenseilbahn nach Starý Smokovec 10 Min.; Gesamtgehzeit 1½ Std.
Anforderungen: Ausgebauter Steig. Die gesamte Tour führt bergab, ist markiert und vielbesucht.
Höchster Punkt: Skalnaté pleso, die Bergstation der Seilbahn, 1764 m.
Einkehrmöglichkeiten: Das Restaurant Enzian im Gebäude der Bergstation der Seilbahn, die Schutzhütte chata kpt. Nálepku-Zamkovského chata.

Der Bergsee Skalnaté pleso ist ein vielbesuchtes Ausflugsziel in der Hohen Tatra, das sich gut zu einem Halbtagesausflug eignet.
Von der **Bergstation** der Seilbahn in südlicher Richtung auf rot markiertem Steig bergab, an der verlassenen Hütte **Skalnatá chata** vorbei und in mäßigem Abstieg quer über den Osthang des Kammes Lomnický hrebeň bis zur

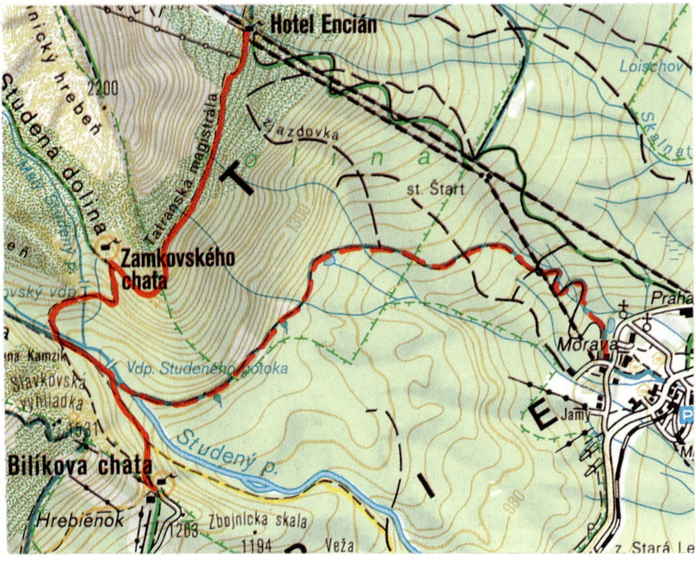

Der »See« Skalnaté pleso, im Hintergrund der Berg Malá Svišťovka.

Aussichtshöhe **Lomnická vyhliadka**. Hier wendet sich der Steig nach Nordwesten und gelangt in den Wald. Unweit der Hütte chata kpt. Nálepku-Zamkovského chata führt er vor dem Riesenwasserfall zur Bergwiese **pol'ana Kamzík** hinunter. Weiter entweder bergauf zum Hrebienok (rote Markierung) oder vom Wegweiser oberhalb der Wasserfälle über die Brücke unter dem Mittleren Wasserfall (blaue Markierung) und nach **Tatranská Lomnica** zur Talstation der kleinen Seilbahn; von der Brücke 1½ Std.

32 Lomnické sedlo, 2190 m, und Lomnický hrebeň, 2211 m

Aussichtsspaziergang auf felsigem Kamm

Skalnaté pleso – Lomnické sedlo – Lomnický hrebeň

Talort: Tatranská Lomnica, 850 m.
Ausgangspunkt: Skalnaté pleso, Bergstation der Seilbahn von Tatranská Lomnica, 1764 m. Parkplätze bei Talstation.
Gehzeiten: Von der Bergstation am See Skalnaté pleso zum Sessellift 5 Min., Fahrt 20 Min., weiter zu Fuß 20 Min.

Anforderungen: Ein ausgebauter Steig, markiert, mäßige Steigung. Häufig besucht.
Höchster Punkt: Veľká Lomnická veža, 2211 m.
Einkehrmöglichkeit: Restaurant Enzian im Gebäude der Bergstation der Seilbahn.

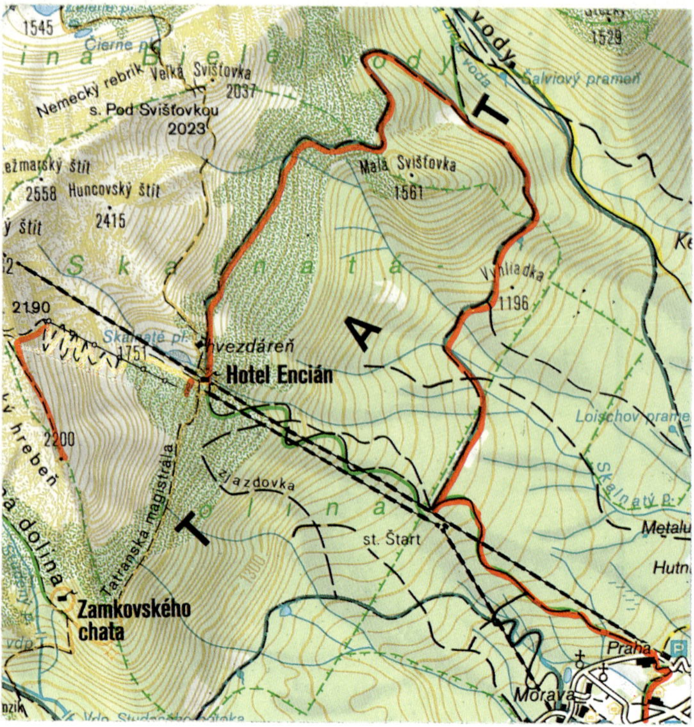

Lomnický hrebeň und Lomnický štít.

Lomnické sedlo, ein flacher Sattel zwischen dem Bergkamm Lomnický hrebeň links und der Spitze Lomnický štít rechts, ist der Ausgangspunkt für den einfachsten Aufstieg auf den Gipfel Lomnický štít.
Von der **Bergstation** der Seilbahn am See Skalnaté pleso in südwestlicher Richtung etwa 150 m zum Sessellift; Auffahrt. Von seiner Bergstation bergauf zum **Sattel** und auf dem grün markierten Steig zum **höchsten Punkt**.
Vom See Skalnaté pleso kann man auch zu Fuß nach Tatranská Lomnica zurückkehren: auf dem blau markierten Steig von der Sternwarte über den Sattel Malá Svišťovka und zur Zwischenstation Štart; 1½ Std. Von dort entweder mit der Seilbahn oder auf dem grün markierten Steig in ½ Std. zur Talstation in **Tatranská Lomnica**.

33 Lomnický štít, 2632 m

Zum zweithöchsten Berg der Hohen Tatra

Tatranská Lomnica – Skalnaté pleso – Lomnický štít

Talort: Tatranská Lomnica, 850 m.
Ausgangspunkt: Skalnaté pleso, 1764 m, Bergstation der Seilbahn von Tatranská Lomnica. Parkplätze an der Talstation der Seilbahn in Tatranská Lomnica.
Gehzeiten: Vom Sattel Lomnické sedlo zum Gipfel 1½ Std. Gesamtgehzeit mit Rückkehr zum Talort 5 – 6 Std.

Anforderungen: Zum Sattel markierter Pfad, weiter durch Geröll und Felsen. Steilere Wegabschnitte sind mit Ketten und Klammern versehen, jedoch nicht markiert. Nur mit Bergführer erlaubt!
Höchster Punkt: Lomnický štít, 2632 m.
Einkehrmöglichkeiten: Das Restaurant am Skalnaté pleso, Buffet am Lomnický štít.

Der Lomnický štít ist ohne Zweifel der bedeutendste Berg der Hohen Tatra und dank der Seilbahn auch der meistbesuchteste. Sein Gipfel entsendet drei Grate, von welchen der Südgrat verhältnismäßig einfach zu besteigen ist. Seine Ostflanke ermöglicht unseren Aufstieg.
Vom **Skalnaté pleso** mit dem Sessellift bis unter den Sattel **Lomnické sedlo**. Ein kurzer Steig führt zum Sattel und von dort rechts empor durch Geröll auf den **Südgrat**. Entlang des Grates weiter bis zur Anhöhe Lomnická kopa, dann

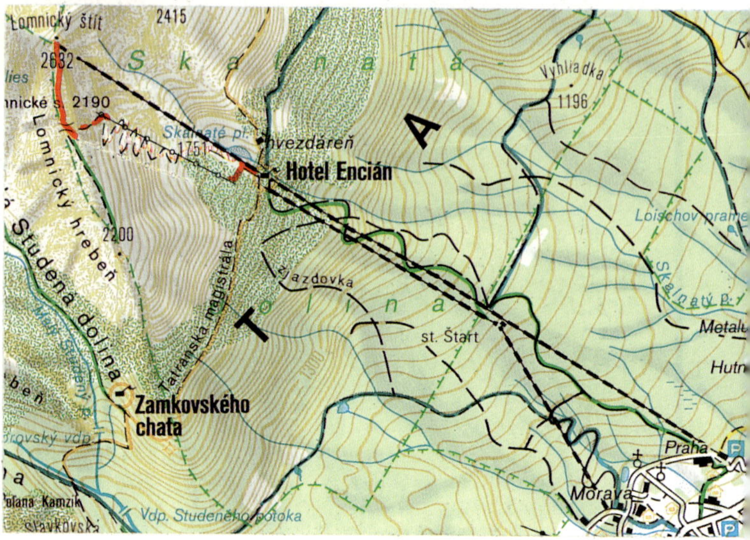

Die Spitze Lomnický štít von Osten.

in einer längeren Querung nach rechts (Ketten) zu einer kleinen Wand, die mit Klammern versichert ist. Durch diese Wand empor in die Gipfelschlucht und an Ketten entlang weiter zum **Gipfel**.
Der **Abstieg** erfolgt auf demselben Weg oder aber mit der Seilbahn.

34 Kežmarský štít, 2558 m

Auf den Spuren der ersten Eroberer der Hohen Tatra

Skalnaté pleso – Cmiter – Huncovské sedlo – Kežmarský štít

Talort: Tatranská Lomnica, 850 m.
Ausgangspunkt: Skalnaté pleso, die Bergstation der Seilbahn aus Tatranská Lomnica, 1764 m.
Parkmöglichkeit: Parkplätze an der Talstation der Seilbahn.
Gehzeiten: Skalnaté pleso – Huncovské sedlo 1¾ Std., weiter zum Gipfel 1¼ Std., Abstieg 2½ Std. Gesamtgehzeit 5½ Std.
Anforderungen: Der Steig führt nur bis zum Beginn des Kessels Cmiter, weiter in einer Schuttrinne und über Geröllhänge ohne Markierungen. Im Gipfelbereich schwierige Orientierung. Nur mit Bergführer erlaubt!
Höchste Punkte: Malý Kežmarský štít, 2513 m, Kežmarský štít, 2558 m.
Einkehrmöglichkeit: Restaurant Enzian im Gebäude der Bergstation der Seilbahn am See Skalnaté pleso. Unterwegs keine.

Vom See **Skalnaté pleso** auf rot markiertem Steig nach Norden zur Sternwarte und bergauf zum Scheideweg an der Aussichtsstelle Huncovská vyhliadka. Weiter in westlicher Richtung auf unmarkiertem Steig und vom Kessel rechts zur Mündung der größten Schuttrinne. Durch diese empor, auf

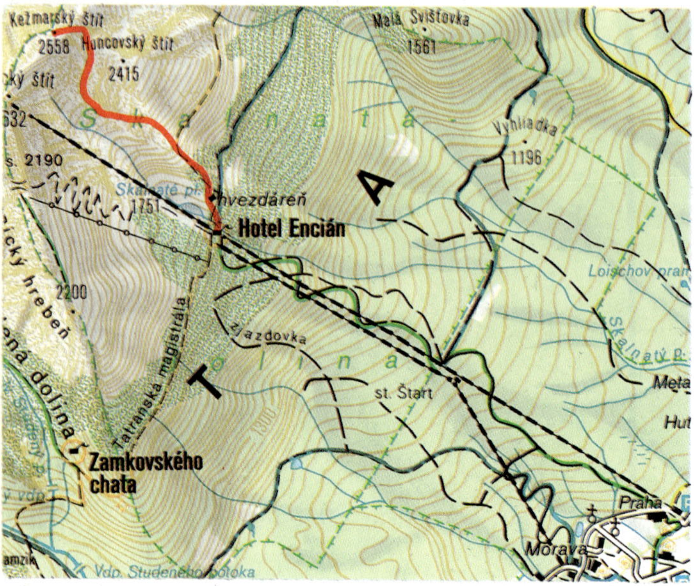

halber Höhe nach links auf die Felsrippe und bergauf zum **Sattel**. Weiter auf der nordöstlichen Seite des Kammes in die Scharte zwischen Malý Kežmarský štít rechts und Kežmarský štít links. Ohne Schwierigkeiten auf beide **Gipfel**. Wenn das Gelände auf der nordöstlichen Seite des Kammes über dem Sattel Huncovské sedlo verschneit oder vereist ist, kann man als Trost vom Sattel auf den nahegelegenen Berg Huncovský štít hinaufsteigen.
Der **Abstieg** vom Gipfel Kežmarský štít erfolgt auf derselben Route, vom Berg Huncovský kann man auch am mäßig geneigten Südosthang auf dem Steig zur Aussichtsstelle Huncovská vyhliadka hinabsteigen.

Die Spitze Kežmarský štít, vom See Skalnaté pleso gesehen.

35 Veľká Svišťovka, 2037 m

Ohne Anstrengung bergab zum See Zelené pleso

Skalnaté pleso – Huncovská vyhliadka – Veľká Svišťovka – Zelené pleso – Tatranská Lomnica

Talort: Tatranská Lomnica, 850 m.
Ausgangspunkt: Skalnaté pleso, die Bergstation der Seilbahn aus Tatranská Lomnica, 1764 m.
Parkmöglichkeit: Die Parkplätze an den Talstationen der Seilbahnen.
Gehzeiten: Skalnaté pleso – Veľká Svišťovka 1 Std., Zelené pleso 1 Std., Tatranská Lomnica 3 Std. Gesamt 5 Std.
Anforderungen: Ausgebauter Steig. Ab Hütte Waldweg. Die gesamte Tour ist markiert. Nur zwei kurze Steigungen, sonst bergab.
Höchster Punkt: Veľká Svišťovka, 2037 m.
Einkehrmöglichkeit: Die Schutzhütte chata pri Zelenom plese, die ältere Benennung lautet Brnčalova chata.

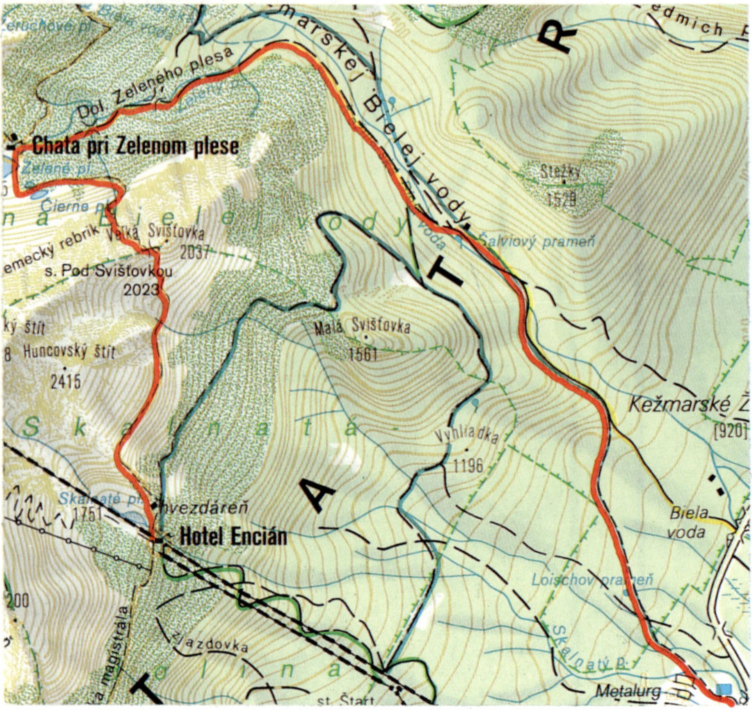

Die Spitze Veľká Svišťovka, links der Sattel sedlo pod Svišťovkou.

Der Gipfel des Veľká Svišťovka wurde seit jeher hauptsächlich von Schatzsuchern besucht. Ein alter Stollen ist auch bei unserer Tour zu sehen.
Vom See **Skalnaté pleso** auf rot markiertem Steig nach Norden, an der Sternwarte vorbei, bergauf zum Scheideweg an der Aussichtsstelle **Huncovská vyhliadka**, 1877 m. Von hier aus quer über den Osthang des Berges Huncovský štít und schließlich zum **Sattel** sedlo pod Svišťovkou. Nach rechts auf den **Gipfel**.
Auf demselben Weg zurück. Vom Sattel bergab über den Nordhang, in 22 Serpentinen auf einem grasbedeckten Bergrücken vorsichtig über die Einmündung der Felsrinne hinweg, die aus unserem Sattel in die Tiefe hinabzieht. In einer langen Querung am Wandfuß, fortwährend mäßig bergab, zum **See Čierne pleso** und hinter diesem zur **Hütte** chata pri Zelenom plese, früher Brnčalova chata benannt.
Rückkehr nach Tatranská Lomnica: auf gelb markiertem Steig zum Wegweiser oberhalb des Baches Biela voda, 1077 m, weiter auf blau markiertem Steig durch den Wald nach Tatranská Matliare und neben der Hauptstraße auf dem unmarkierten Steig nach Tatranská Lomnica. Diese Tour kann man auch in gegengesetzter Richtung durchführen, man muß aber dann einen Höhenunterschied von 1200 m im Aufstieg überwinden.

36 Zelené pleso, 1545 m, und Biele pleso, 1612 m

Ein malerischer Talkessel am Fuße der höchsten Felswand der Hohen Tatra

Biela voda – Zelené pleso – Biele pleso – Biela voda

Talort: Tatranská Lomnica, 850 m.
Ausgangspunkt: Die Bushaltestelle Biela voda, 925 m; von Tatranská Lomnica 4 km in nordöstlicher Richtung entfernt.
Parkmöglichkeit: Der Parkplatz in Tatranská Lomnica beim Museum in der Nähe der Bushaltestelle.
Gehzeiten: Biela voda – Zelené pleso 3 Std., weiter nach Biele pleso ½ Std., Abstieg nach Biela voda 2½ Std. oder nach Tatranská Lomnica 3 Std. Gesamtgehzeit 6 – 7 Std.
Anforderungen: Bis zum See Zelené pleso ein Waldweg, weiter ein markierter Steig. Mäßige Steigung, die gesamte Tour ist markiert.
Höchster Punkt: Biele pleso, 1612 m.
Einkehrmöglichkeit: Die Schutzhütte chata pri Zelenom plese, früher Brnčalova chata genannt.

Zelené pleso ist einer der fünf grünen Seen in der Hohen Tatra. Er befindet sich im Talboden des romantischen Gebirgskessels am Fuße von vier Hangtälern. Südlich vom See ragt die höchste Felswand der Hohen Tatra empor: die 900 m hohe Nordwand des Malý Kežmarský štít.

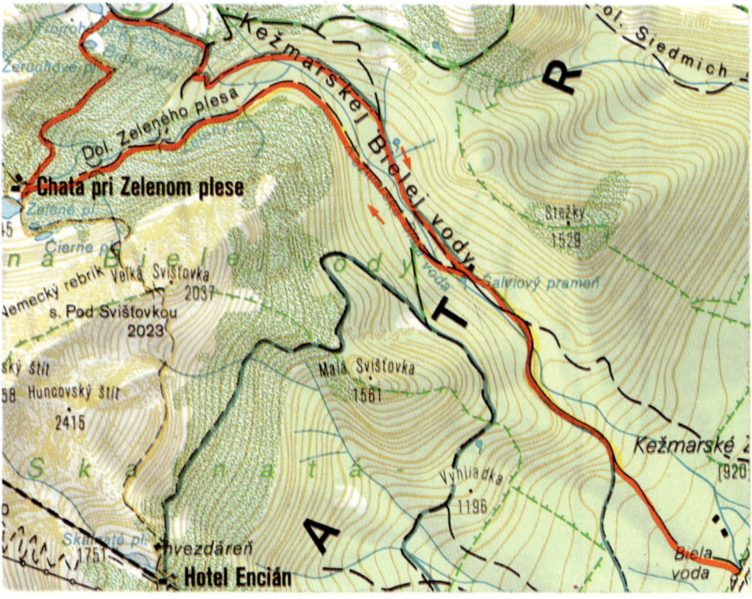

Die Spitze Malý Kežmarský štít über dem Kessel des Sees Zelené pleso.

Von der Bushaltestelle **Biela Voda** auf einem Fahrweg (gelbe Markierung) zum Scheideweg über der Quelle Šalviový prameň, 1200 m. Nach links über die Brücke, entlang des rechten Bachufers Zelený potok zur **Schutzhütte** chata pri Zelenom plese. Weiter auf dem Steig nach Nordosten (rote Markierung) zum **See Biele pleso**.

Abstieg nach Südosten: auf blau markiertem Steig zur Quelle Šalviový prameň und zur Haltestelle Biela Voda; oder vom Wegweiser oberhalb des Baches Biela Voda, 1077 m, auf blau markiertem Steig über Tatranské Matliare, schließlich neben der Straße auf unmarkiertem Steig nach Tatranská Lomnica.

37 Jahňací štít, 2229 m

Unterwegs im östlichen Teil der Hohen Tatra

Zelené pleso – Červená dolina – Kolový priechod – Jahňací štít

Talort: Tatranská Lomnica, 850 m.
Ausgangspunkt: Die Schutzhütte chata pri Zelenom plese, 1551 m. Erreichbar von Tatranská Lomnica wie bei der Tour 36 in $3\frac{1}{2}$ Std. oder von der Bushaltestelle Biela Voda in 3 Std.
Parkmöglichkeit: Der Parkplatz beim Museum in Tatranská Lomnica.
Gehzeiten: Zelené pleso – Červená dolina $\frac{3}{4}$ Std., Kolový priechod $1\frac{1}{4}$ Std., Jahňací štít $\frac{1}{2}$ Std., Abstieg zur Schutzhütte $1\frac{1}{2}$ Std. Gesamtgehzeit 10 Std.
Anforderungen: Es handelt sich um einen nicht erhaltenen, aber markierten Steig, überwiegend steil, im schwierigeren Abschnitt unter dem Bergkamm mit Ketten gesichert.
Höchster Punkt: Jahňací štít, 2229 m.
Einkehrmöglichkeit: Die Schutzhütte chata pri Zelenom plese.

Der Jahňací štít bildet einen Knotenpunkt von vier Bergkämmen und ist gleichzeitig der letzte Gipfel im östlichen Teil der Hohen Tatra. Von seinem Gipfel bietet sich eine außerordentlich weite Rundsicht.
Vom Wegweiser bei der **Schutzhütte** auf dem gelb markierten Steig über die Stufe bergauf ins **Tal Červená dolina** und in längerer Steigung in den Talschluß; hier unter dem Bergkamm nach rechts in den Einschnitt (Ketten) und über diesen zur **Scharte Kolový priechod**. Der weitere Aufstieg verläuft auf der Westseite des Grates, weiter oben führt der Steig über eine markante Felsrippe zum nordwestlichen Seitenkamm. Von dort aus kehrt er, immer steigend, wiederholt auf unseren Südkamm zurück, den er im Geröllsattel dicht unter dem **Gipfel** erreicht.
Die **Rückkehr** erfolgt auf derselben Route. Auf die richtige Übergangsstelle ins Tal Červená dolina achten! Die Fortsetzung dieses Steiges in südlicher Richtung führt in die Irre!

Die Spitze Jahňací štít, aus dem Tal Červená dolina gesehen.

38 Jastrabia veža, 2137 m

Ein sagenumwobener Felsturm über dem See Zelené pleso

Zelené pleso – Červená dolina – Jastrabie sedlo – Jastrabia veža

Talort: Tatranská Lomnica, 850 m.
Ausgangspunkt: Die Schutzhütte chata pri Zelenom plese, 1551 m. Erreichbar von Tatranská Lomnica wie bei der Tour Nr. 36 in 3½ Std., von der Bushaltestelle Biela Voda in 3 Std.
Parkmöglichkeit: Der Parkplatz neben dem Museum in Tatranská Lomnica.
Gehzeiten: Zelené pleso – Červená dolina ¾ Std., weiter nach Jastrabie sedlo ¾ Std., bis Jastrabia veža 1 Std. Abstieg zur Schutzhütte 1½ Std., Gesamtgehzeit 10 Std.
Anforderungen: Aus dem Tal Červená dolina zum Sattel Jastrabie sedlo ein nicht erhaltener, unmarkierter Steig. Weiter ein exponierter Felsgrat, der Seilsicherung erforderlich macht. Nur mit Bergführer erlaubt!
Höchster Punkt: Jastrabia veža, 2137 m.
Einkehrmöglichkeit: Die Schutzhütte chata pri Zelenom plese.

Die Jastrabia veža ist im Amphitheater der Berge rund um den See Zelené pleso der am nächsten gelegene Gipfel. Beim Anblick von der Hütte fällt er durch seine Steilwände und seine scheinbare Unzugänglichkeit auf. Die alte Zipser Benennung des Berges als Karfunkelturm geht auf die Volkssage zurück, nach der auf dem Gipfel einst ein Karfunkel lag. Während der Sommernächte konnte man angeblich von weiter Ferne sein leuchtend rotes Strahlen sehen. Einst gelang es einem armen Hirtenjungen, den Gipfel zu besteigen, aber in dem Moment, als er den Karfunkel berühren wollte, riß ihn der Geist der Tatra durch einen Blitzschlag nieder, der Edelstein fiel ins Tal Červená dolina herab und verschwand an der Stelle, wo heute der See Červená pleso – Roter See – liegt.

Vom Wegweiser bei der **Schutzhütte** auf gelb markiertem Steig über die steile Stufe bergauf ins **Tal Červená dolina** bis zur Anhöhe über dem See Červené pleso. Hier zweigt in einer Höhe von 1883 m nach links ein schlecht sichtbarer, unmarkierter Steig ab. Auf diesem zum Sattel **Jastrabie sedlo** und weiter nach links auf Felsplatten unter die überhängenden Felsen. Unter diesen nach rechts queren, hinter einer Kante geht es zurück auf den Grat und auf diesem zum **Gipfel**. Es besteht auch noch eine leichtere Möglichkeit: unterhalb des Sattels auf der Seite des Tales Červená dolina auf einem Felsband quer durch die Nordwand bis hinter den Gipfel und auf dem Osthang zum höchsten Punkt. Es gibt hier zwei Felsbänder, üblicherweise geht man auf dem oberen, das auch zum **Abstieg** vom Gipfel dient.

Die Spitze Jastrabia veža, von der Schutzhütte chata pri Zelenom plese aus gesehen.

39 Pol'ana pod Muráňom, 1100 m

Durch das idyllische Vorgebirge der Belianske Tatry

Javorina – pol'ana pod Muráňom – dolinka Bieleho potoka – Jagdschloß – Javorina

Talort: Javorina, 1000 m.
Ausgangspunkt: Wegweiser in der Straßenkurve am südwestlichen Ortsrand.
Parkmöglichkeiten: Parkplatz in der Ortsmitte, Abstellmöglichkeit beim Hotel Pol'ana.
Gehzeiten: Javorina – Bergwiese pol'ana pod Muráňom 40 Min., von dort Abstieg zur Kirche ½ Std., weiter zur Aussichtshöhe beim Jagdschloß und Rückkehr in den Ort ½ Std. Gesamtgehzeit 2 Std.
Anforderungen: Zur Bergwiese pol'ana pod Muráňom ein Fahrweg, von der Kirche zum Jagdschloß eine Autostraße mit geringer Steigung.
Höchster Punkt: Pol'ana pod Muráňom, 1100 m.
Einkehrmöglichkeiten: Das Gasthaus in Javorina und das Hotel Pol'ana laden zur Rast ein.

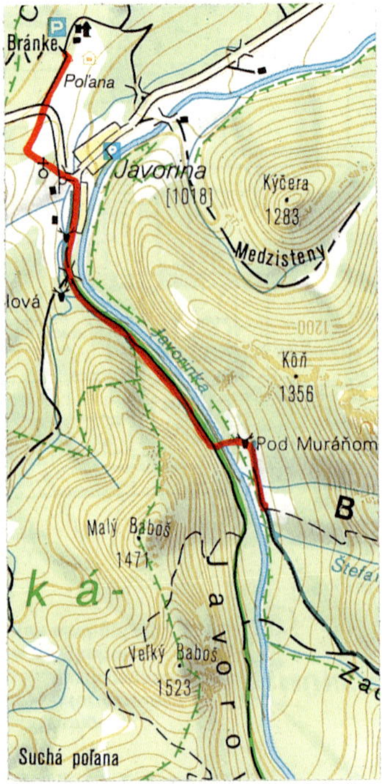

Von der Wiese pol'ana pod Muráňom hat man eine herrliche Aussicht auf die nördliche Seite des Hauptkammes der Hohen Tatra – von der Spitze des Kolový štít, über die Gipfel des Baranie rohy und Ľadový štít, bis hin zu den Spitzen des Javorové štíty.
Vom Wegweiser am südwestlichen Ortsrand auf einem Fahrweg (blaue und grüne Markierung) in südlicher Richtung zum Wegweiser oberhalb des **Wasserwerkes**. Nach links über die Brücke zur **Bergwiese** pol'ana pod Muráňom.
Die **Rückkehr** erfolgt auf demselben Weg. Vom Wegweiser im Ort nach Westen zur Kirche und nun entweder auf der Wiese oder auf der Autostraße weiter zum Hotel Pol'ana. Das Jagdschloß befindet sich unmittelbar hinter dem Hotel.

Javorina mit den Gipfeln von Kolový štít, Baranie rohy und Ľadový štít.

40 Kopské sedlo, 1749 m

Zum Sattel zwischen Vysoké Tatry und Belianske Tatry

Javorina – Kopské sedlo – Biele pleso – Tatranská Kotlina

Talort: Javorina, 1000 m.
Ausgangspunkt: Der Wegweiser in Javorina am südwestlichen Ortsrand.
Parkmöglichkeit: Der Parkplatz in Ortsmitte.
Gehzeiten: Javorina – Kopské sedlo 3 Std., nach Tatranská Kotlina 3 Std. Gesamtgehzeit 6 Std.
Anforderungen: Die Tour verläuft auf Waldwegen und erhaltenen Steigen ohne nennenswerte Steigung; sie ist markiert.
Höchste Punkte: Kopské sedlo, 1749 m, Predné Kopské sedlo, 1778 m.
Einkehrmöglichkeiten: Unterstand in Borcák, die Schutzhütte Plesnivec. Beide bieten nur einen Schutz vor Regen.

Vom Wegweiser in **Javorina** auf einem Fahrweg in südlicher Richtung (blaue und grüne Markierung) 2,2 km zur Brücke oberhalb des Wasserwerkes. Über die Brücke nach links (blaue Markierung), unterhalb des **Hegerhauses** ins Tal Zadné Meďodoly.
Der Waldweg führt durch den Teil des Gebietes, der Borcák genannt wird (Unterstand), und über eine kur-

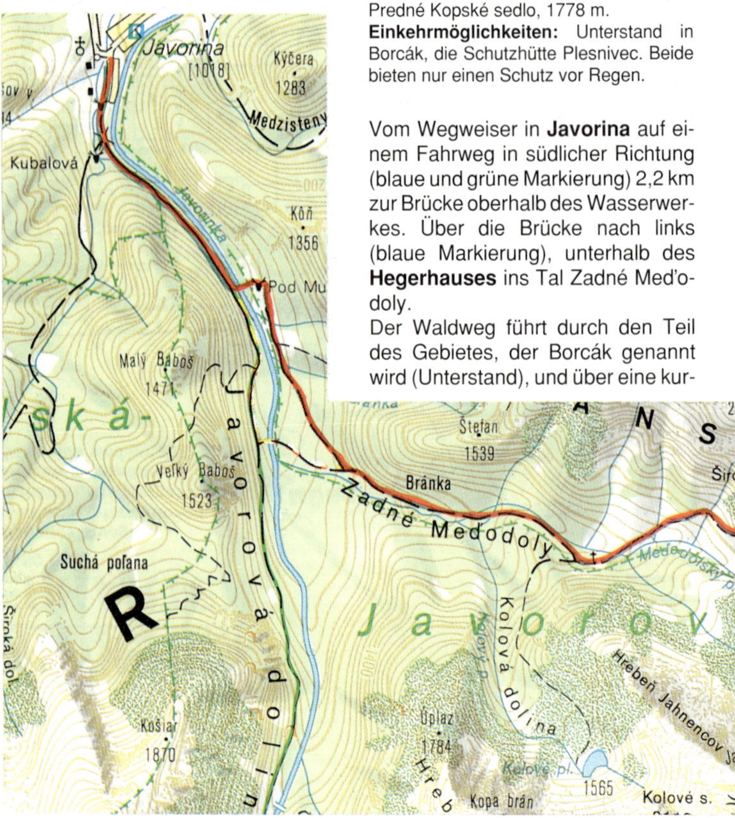

Der Sattel Kopské sedlo, im Vordergrund der See Biele pleso.

ze felsige Engstelle, Bránka genannt. Entlang des Baches zur **Quelle** Skorušia studnička, 1375 m. Weiter auf dem Steig in offenem Gelände über beide **Sättel** Kopské sedlá zum See **Biele pleso**.

Die Fortsetzung der Tour erfolgt auf dem grün markierten Steig zur **Hütte Plesnivec** und nach **Tatranská Kotlina** zur Bushaltestelle. Vom See Biele pleso kann man auch auf dem blau markierten Steig nach Tatranské Matliare hinabsteigen.

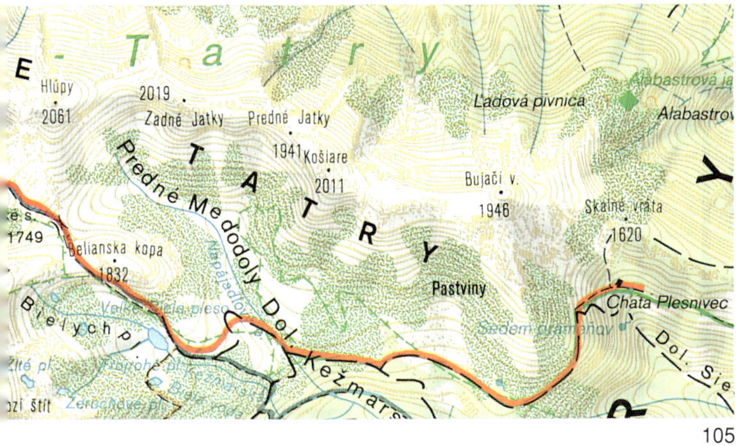

41 Sedielko, 2372 m

Über den Hauptkamm auf die Südseite der Hohen Tatra

Javorina – Javorová dolina – Sedielko – Starý Smokovec

Talort: Javorina, 1000 m.
Ausgangspunkt: Der Wegweiser in Javorina am südwestlichen Ortsrand.
Parkmöglichkeit: Parkplatz in der Ortsmitte.
Gehzeiten: Javorina – Sedielko 5 Std., Starý Smokovec 3½ Std. Gesamtgehzeit 8½ Std.
Anforderungen: Anfangs Fahrweg, später Waldweg, weiter oben ein schmaler Steig. Der Abstieg vom Sattel erfolgt stellenweise über einen Schutthang, der letzte Teil auf einem ausgebauten Steig. Die gesamte Tour ist markiert. Die Tour ist nur begehbar, wenn auf den Hängen des Sattels Sedielko kein Schnee liegt.
Höchster Punkt: Sedielko, 2372 m.
Einkehrmöglichkeit: Die Schutzhütten Téryho chata, chata kpt. Nálepku-Zamkovského chata.

Sedielko ist ein breiter Sattel im Hauptkamm der Hohen Tatra, zwischen den Gipfeln Ľadový štít und Široká veža. Ins Tal Javorová dolina neigt er sich mit einem grasarmen Hang hinab – über die Serpentinen unseres Steiges; nach

Talschluß von Malá Studená dolina, rechts der Sattel Sedielko.

Südosten ins Tal Malá Studená dolina fällt der Sattel mit einem steileren Schutthang ab, der bis in den Sommer hinein gewöhnlich mit Schnee bedeckt ist. Plant man einen Übergang über den Sattel Sedielko, muß man sich vor Tourenbeginn über die Gangbarkeit des Geländes informieren.

Vom Wegweiser in **Javorina** auf einem Fahrweg nach Süden (blaue und grüne Markierung) zur Brücke oberhalb des **Wasserwerkes**, wo die blauen Markierungen abzweigen. Wir setzen unsere Tour auf grün markiertem Steig fort und gelangen in mäßiger Steigung durch Wälder auf die **Wiese**, 1325 m; 1½ Std. Hier bietet sich ein guter Rastplatz mit Bänken. Hinter der Wiese verläßt der Steig die Wälder und führt über offenes, stellenweise steileres Gelände durch den hinteren Teil des Tales zum Sattel **Sedielko** hinauf. Nun beginnt ein anstrengender Abstieg zum **See Modré pleso**. Weiter unten gelangt man auf einem gut erhaltenen Steig zur **Hütte Téryho chata** und durchs Tal Malá Studená dolina, an der Schutzhütte chata kpt. Nálepku – Zamkovského chata vorbei, auf den **Hrebienok** zur Bergstation der Bodenseilbahn. – Abstieg von der Hütte Téryho chata siehe Tour 26.

42 Bielovodská dolina

Durch das schönste Tal der Hohen Tatra

Lysá Pol'ana – Žabia pol'ana – Litvorové pleso – Pol'ský hrebeň – Starý Smokovec

Talort: Lysá Pol'ana, 970 m.
Ausgangspunkt: Der Wegweiser bei der Grenzbrücke, über die die Autostraße nach Polen führt.
Parkmöglichkeit: Der Parkplatz in Lysá Pol'ana.
Gehzeiten: Lysá Pol'ana – Pol'ana pod Vysokou 2½ Std., Litvorové pleso 1½ Std., Pol'ský hrebeň 1½ Std., Abstieg zum Berghotel Sliezsky dom 1½ Std., von dort nach Starý Smokovec 2 Std. Gesamtgehzeit 9 Std.

Anforderungen: Am Beginn bequemer Fahrweg mit mäßiger Steigung (schöner Spaziergang), in höheren Lagen schmaler, nur stellenweise erhaltener Steig. Im Abstieg ist der Steig mit Ketten gesichert. Eine lange, anstrengende Tour.
Höchster Punkt: Pol'ský hrebeň, 2200 m.
Einkehrmöglichkeit: Zwei kleine Obdächer im Tal Bielovodská dolina bieten nur einen Schutz vor Regen. Einkehr im Berghotel Sliezsky dom im Tal Velická dolina.

Das Tal Bielovodská dolina mit den Spitzen Mlynár, Vysoká, Rysy und Malý Žabí štít.

Bielovodská dolina ist ein 10 km langes Tal, das von Lysá Poľana entlang des Grenzflusses Biela voda zur Bergwiese poľana pod Vysokou mäßig steigt. Im unteren Teil befindet sich ein altes Hergerhaus auf einer großen Wiese, von der sich ein einzigartiger Blick auf die umliegenden Bergkämme darbietet. Bis hierher kann man auch einen bequemen Spaziergang machen.

Von der **Brücke** an der Grenze in Lysá Poľana nach links (blaue Markierung). Auf dem Fahrweg unterhalb des Felsens Tisovky (Obdach) geht man über die Wiese mit dem **Hegerhaus** und überquert weiter oben den kleinen Fluß. An seinem südwestlichen Ufer weiter zur Bergwiese **Žabia poľana**, 1146 m (Obdach).

Von der Wiese über die Brücke auf die Ostseite des kleinen Flusses und weiter auf die Bergwiese poľana pod Vysokou, 1315 m.

Auf dem Steig weiter in Serpentinen hinauf, rechts sieht man den Hviezdoslav-Wasserfall. Über der ersten Talstufe, im Kačacia dolina, befindet sich der Scheideweg, 1605 m. Hier nach links, ständig steil bergauf nach Osten zum See **Litvorové pleso** und in der bisherigen Richtung bis zur Senke zwischen Hrubá veža (links) und Velický štít (rechts) weiter. Oberhalb des Sees Zamrznuté pleso, 2047 m, zum Wegweiser unter dem Sattel Poľský hrebeň und schließlich nach rechts (grüne Markierung) steil zum Sattel **Poľský hrebeň** hinauf.

Abstieg ins Tal Velická dolina: siehe Tour 23.

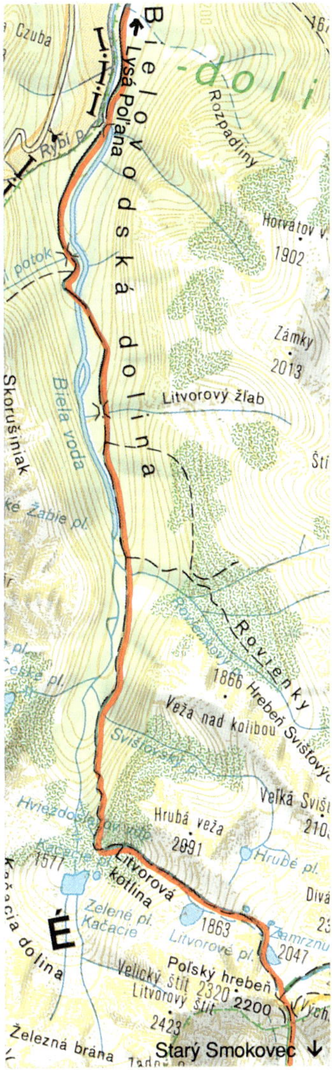

43 Monkova dolina – Ždiar – Belianska jaskyňa

Besuch einer Goralen-Gemeinde

Ždiar – Monkova dolina – Strednica – Ždiar – Belianska jaskyňa

Talort: Ždiar, 895 m.
Ausgangspunkt: Bushaltestelle Ždiar »Tatra«, annähernd in der Ortsmitte an der Hauptstraße.
Parkmöglichkeit: Auf dem grün markierten Fahrweg neben der Haltestelle.
Gehzeiten: Ždiar – Monkova dolina ½ Std., weiter nach Strednica ¾ Std., Abstieg ¾ Std., Tatranská Kotlina – Belianska jaskyňa 20 Min., Besichtigung der Tropfsteinhöhle 1¼ Std., Abstieg ¼ Std. Gesamtgehzeit 5 Std.
Anforderungen: Überwiegend handelt es sich um angenehme Waldwege, nur auf die Anhöhe Strednica führt ein steilerer Steig.
Höchste Punkte: Strednica, 1020 m, Belianska jaskyňa, 885 m.
Einkehrmöglichkeit: Das Restaurant in Ždiar.

Diese Tour führt uns in die Umgebung Ždiars und zur Kalksteinhöhle Belianska jaskyňa, die der Öffentlichkeit auf einer Länge von mehr als 1 km zugänglich ist. In der Höhle gibt es schöne Tropfsteinverzierungen, einige große Säle und kleine Seen. Sie wurde von Schatzsuchern im 18. Jahrhundert entdeckt.
Von der Bushaltestelle »Tatra« in **Ždiar** verläßt man in südwestlicher Richtung auf dem Nebenfahrweg (grüne Markierung) den Ort. Am Ende des Fahrwegs führt ein Steig durch den Wald und zur Skiwiese auf der **Anhöhe Strednica**. Über die Hauptstraße gehen wir weiter nach Norden und auf der Nebenstraße

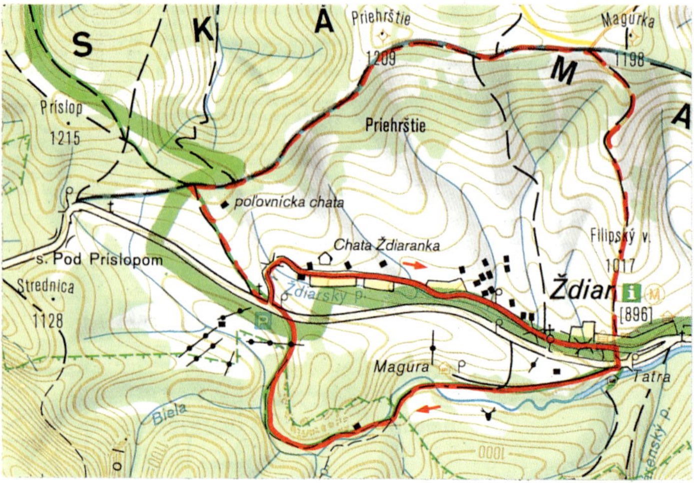

Das Dorf Ždiar mit den zwei höchsten Gipfeln der Belaer Tatra.

hinunter. Durch Ždiar gelangt man schließlich wieder zum Ausgangspunkt zurück.

Will man auch noch die **Tropfsteinhöhle** besuchen, so fährt man mit dem Pkw oder mit dem Bus nach **Tatranská Kotlina** und steigt bei der Bushaltestelle »Höhle« = »jaskyňa« aus; hier befindet sich auch ein Parkplatz. Von hier steigt man auf einem Waldweg zu der sehenswerten Höhle hinauf (gelbe Markierung).

Will man die Höhle nicht besuchen, bietet sich noch eine andere Wandermöglichkeit: von der Anhöhe Strednica auf einem Feldweg nach Nordwesten, auf dem Berghang des Spišská Magura weiter nach Nordosten (blaue Markierung) und unterhalb der Magurka Abstieg nach Ždiar (rote Markierung); insgesamt 2 Std. mehr.

44 Morskie Oko, 1393 m

Ein unerwartet schöner Bergsee unter dem felsigen Mönch

Wlosienica – Morskie Oko – Czarny Staw

Der Morskie Oko.

Talort: Lysa Polana, 970 m.
Ausgangspunkt: Wlosienica, 1310 m. Unterstand, Buffet. Erreichbar vom Parkplatz Palenica Bialczańska in 45 Min., mit einem von mehreren Goralen-Fuhrwerken, die hier während des Sommers für die Besucher verkehren. Entfernung 7 km.
Parkplatz: Palenica Bialczańska, 980 m, bewacht. Vom Talort Lysa Polana 1 km in südwestlicher Richtung.
Gehzeiten: Wlosienica – Morskie Oko 20 Min., Rundgang um den See 45 Min., Abstecher zum Czarny Staw $1\frac{1}{4}$ Std.; Gesamtgehzeit: $2\frac{1}{2}$ – 3 Std.
Anforderungen: Anfangs Autostraße, die für den öffentlichen Verkehr gesperrt ist. Rund um den See ein erhaltener Steig. Die Tour ist markiert und häufig besucht.
Höchster Punkt: Morskie Oko, 1393 m; Czarny Staw, 1583 m.
Einkehrmöglichkeit: Schutzhütte Schronisko Morskie Oko, 1404 m, mit Restaurant und Übernachtungsmöglichkeit.

Der Morskie Oko, ein Bergsee in malerischer Umgebung unter den Nordhängen des Grenzkammes zwischen Polen und Slowakei, ist mit seiner Fläche von 35 Hektar, 51 m Tiefe und 800 m Länge der größte See der Hohen Tatra. An seinem Nordufer steht die Schutzhütte Schronisko Morskie Oko. Von dort sieht man in SW-Richtung den steilen Turm Mnich (Mönch), links davon die drei Berge Mengusovské štíty und ganz in der linken Ecke die Spitze Rysy.
Von Wlosienica auf der Autostraße zum Nordufer des **Morskie Oko** und weiter links auf dem 2,5 Kilometer langen Steig rund um den See. Auf halbem Weg kann man, der roten Markierung folgend, in 40 Min. zum höhergelegenen See

Czarny Staw hinaufsteigen. Dieser Steig führt bis zum Rysy, ist aber viel schwieriger als der Aufstieg von der Südseite (Tour 11).

Wer vom Morskie Oko nicht auf demselben Weg zurückkehren und nicht um den See spazieren möchte, kann von der Hütte aus auf einem blau markierten Steig in nördlicher Richtung auf den Berg Kepa, 1683 m, hinaufsteigen – schöne Aussicht über den ganzen Bergkessel mit dem Morskie Oko – und weiter über den Berg Świstowa Czuba, 1763 m, in 1½ Std. zur Schutzhütte Schronisko nad Przednim Stawem gelangen. Von da bergab, zunächst der schwarzen, dann der grünen Markierung folgend, durch das Roztoka Tal und schließlich auf der Autostraße zurück zum Parkplatz Palenica (2 Std.).

45 Szpiglasowa Przelecz, 2114 m, und Hrubý štít, 2172 m

Auf dem besten Steig der polnischen Tatra zum Grenzkamm

Wlosienica – Morskie Oko – Szpiglasowa Przelecz – Hrubý štít

Talort: Lysa Polana, 970 m.
Ausgangspunkt: Wlosienica, 1310 m, siehe Tour 44.
Parkplatz: Palenica Bialczańska, 980 m, bewacht. Vom Talort Lysa Polana 1 km in südwestlicher Richtung.
Gehzeiten: Wlosienica – Sattel Szpiglasowa Przelecz 2¾ Std., zum Gipfel Hrubý štít 10 Min., Abstieg auf demselben Weg 2 Std.; Gesamtgehzeit: 5 Std.
Anforderungen: Vom Morskie Oko bis auf den Sattel ein gut gebauter Steig, weiter zum Gipfel noch erhaltener Pfad. Die Tour ist nur bis zum Sattel markiert.
Höchster Punkt: Hrubý štít, 2172 m.
Einkehrmöglichkeit: Siehe Tour 44.

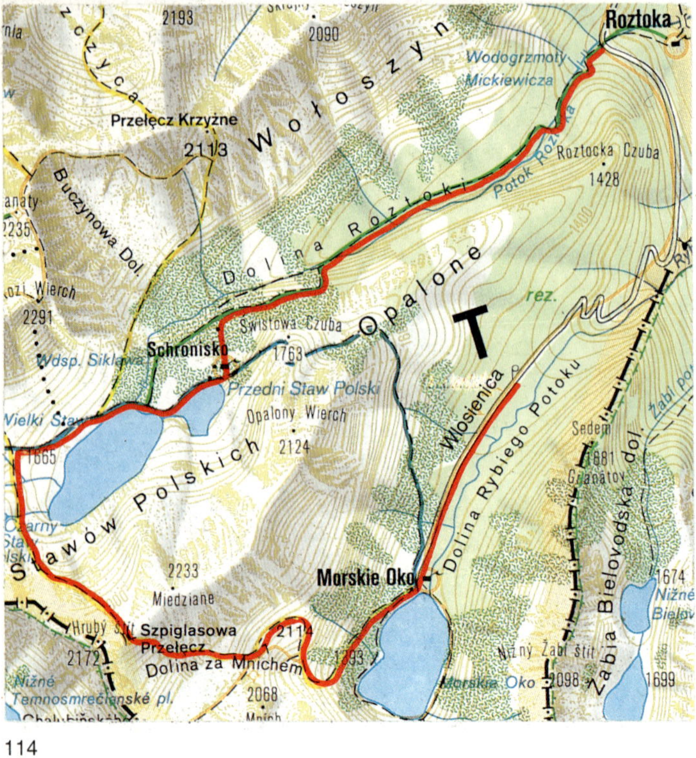

Szpiglasowa Przelecz mit Hrubý štít.

Der Berg Hrubý štít bildet einen Knotenpunkt zum Grenzkamm: Von seinem Gipfel biegt der Nebengrat zum Miedziane ab, in dem sich der Sattel Szpiglasowa Przelecz befindet, ein wichtiger Übergang zwischen zwei Tälern. Während der Südosthang unter dem Sattel einen angenehmen Aufstieg ermöglicht, ist der Nordwesthang steil und der Pfad auf dieser Seite mit Ketten versehen.

Von **Wlosienica** zuerst auf der Autostraße in Richtung Morskie Oko und auf dem Moränenwall – noch vor der Hütte – nach rechts auf den gelb markierten Steig, der bei gleichmäßiger, sanfter Steigung zum kleinen Tal zwischen dem Felsturm Mönch und unserem Sattel führt. In drei langen Kehren geht es hinauf zum **Sattel Szpiglasowa Przelecz**. Auf der anderen Seite sieht man die Berge Svinica (Tour 50) und Kozi Wierch (Tour 46). Vom Sattel nach links und durch einen kurzen Hang zum **Gipfel**.

Der Abstieg erfolgt auf derselben Route. Vom Sattel kann man die Tour auch fortsetzen und durch die Täler Pieciu Staów Polskich und Roztoka zur Autostraße zurückkehren, was aber erheblich schwieriger und um 2 Std. länger ist.

46 Kozi Wierch, 2291 m

Zum höchsten Berg Polens

Wodogrzmoty Mickiewicza – Wielki Staw – Kozi Wierch

Talort: Lysa Polana, 970 m.
Ausgangspunkt: Wodogrzmoty Mickiewicza, 1100 m, erreichbar vom Parkplatz Palenica Bialczańska mit einem Goralen-Fuhrwerk in 25 Min. oder auch zu Fuß auf der Autostraße Richtung Morskie Oko, 3 km.
Parkplatz: Palenica Bialczańska, 980 m, bewacht. Vom Talort Lysa Polana 1 km in südwestlicher Richtung.
Gehzeiten: Wodogrzmoty Mickiewicza – Wielki Staw 2 Std., zum Gipfel 2 Std., Abstieg 3 Std.; Gesamtgehzeit: 7 Std.
Anforderungen: Durch das Tal Dolina Roztoki ein schlecht erhaltener Waldweg, weiter oben ein Steig bis zum Gipfel. Die Tour ist markiert.
Höchster Punkt: Kozi Wierch, 2291 m.
Einkehrmöglichkeiten: Schutzhütte Stara Roztoka, 1031 m, unter den Wasserfällen Wodogrzmoty Mickiewicza in 10 Min. erreichbar. Beim Abstieg Schutzhütte Schronisko über den Przedni Staw, 1672 m.

Der Kozi Wierch erhebt sich mit steilen Felswänden über zwei Tälern – nur nach Südosten fällt er mit einem zugänglichen Hang ab, durch den unser Aufstieg führt. Auf dem West- und Ostgrat verläuft die berühmte Tour »Orla Perć«, die – obwohl markiert – unverhältnismäßig schwieriger ist.
Vom Wegweiser bei den Wasserfällen **Wodogrzmoty Mickiewicza** in südwestlichter Richtung auf grün markiertem Weg entlang des Baches Roztoka bis unter die Seewand, durch die der 70 Meter hohe **Wasserfall Siklawa** abfällt. Bald danach erreichen wir auf jetzt schon steilerem Steig das Nordufer

Der Kozi Wierch von Südosten mit dem Aufstiegsweg.

des **Sees Wielki Staw**. Weiter auf blau markiertem Steig (Abstecher nach links in 10 Min. zur **Hütte**) nach rechts über grasbewachsene Berglehne zur zweiten Abzweigung, wo der schwarz markierte Aufstieg zum Gipfel beginnt. Nach rechts und entlang der vom Gipfel abfallenden Rinne in vielen kurzen Kehren steil empor. Unweit des Grates nach rechts quer über den obersten Teil der Rinne und schließlich auf rot markiertem Pfad zum **Gipfel**.
Der Abstieg erfolgt auf demselben Weg. Nach einer Rast bei der Hütte auf schwarz markiertem Pfad bergab ins Tal Roztoka.

47 Hala Gąsienicowa, 1500 m

Zu blumenreichen Almwiesen unweit von Zakopane

Kuźnice – Boczań – Przelecz Miedzi Kopami – Murowaniec

Talort: Zakopane, 900 m.
Ausgangspunkt: Kuźnice, 1000 m. Vom Parkplatz in Zakopane südlich 2 km. Busverbindung.
Parkplatz: Am oberen, südöstlichen Rand von Zakopane, bei der Kreuzung »Rondo«, bewacht.
Gehzeiten: Kuźnice – Sattel Przelecz Miedzi Kopami 1½ Std., Schronisko Murowaniec ½ Std., Abstieg durch das Tal Jaworzynka 1½ Std.; Gesamtgehzeit: 3½ Std.
Anforderungen: Anfangs ein Waldweg, dann ein guter Steig. Die ganze Tour ist markiert.
Höchster Punkt: Królowa Rowień, 1560 m.
Einkehrmöglichkeit: Schutzhütte Murowaniec, 1500 m, mit Restaurant und Übernachtungsmöglichkeit.

Das Hala Gąsienicowa ist ein breites, flaches Tal über den bewaldeten Vorbergen südöstlich von Zakopane. Früher befanden sich hier ausgedehnte Weiden, die in letzter Zeit mehr und mehr von Latschenkiefern verdrängt wurden. Weiter oben teilt sich dieses Tal in zwei Nebentäler, in denen sich 18 Seen befinden. Die Schutzhütte Murowaniec, die im unteren Teil des Tales liegt, ist ein wichtiger Ausgangspunkt für mehr als zehn Gipfeltouren in dieser Umgebung.

Von **Kuźnice** in östlicher Richtung über den Bach Bystrá auf grün und blau markiertem Weg durch Tannenwald hinauf. Nach etwa 10 Minuten biegt links ein grün markierter Steig zum Berg Nosal ab. Der blauen Markierung folgend,

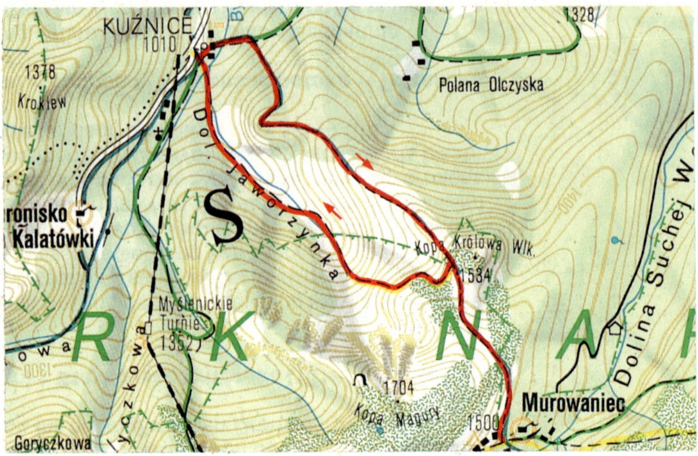

steigt man zum Hang Boczań, 1208 m, und weiter – schon im offenen Gelände – über den Grat Skupniowy Uplaz zum **Sattel Przelecz Miedzi Kopami**, danach über die Anhöhe Królowa Rowień zur **Hütte Murowaniec**.
Der Abstieg erfolgt bis zum Sattel auf demselben Weg, weiter auf einem gelb markierten Steig bergab ins Tal Jaworzynka, dessen Ausgang direkt über Kuźnice liegt. Wer genug Zeit hat, kann die Tour verlängern: entweder auf schwarz markiertem Steig zum See Zielony Staw (gute Rastplätze), ½ Std., oder auf gelb markiertem Steig zum Kasprowy Wierch in 1½ Std. aufsteigen und mit der Seilbahn nach Kuźnice zurückkehren.

Hala Gąsienicowa mit Zielony Staw und Kasprov vrch.

48 Granaty, 2240 m

Gratwanderung auf dem berühmten Pfad »Orla Perć«

Murowaniec – Skrajny Granat – Zadni Granat – Murowaniec

Talort: Zakopane, 900 m.
Ausgangspunkt: Schutzhütte Murowaniec, 1500 m, erreichbar von Kuźnice (vom Parkplatz in Zakopane südlich 2 km; Busverbindung) in 2 Std.
Parkplatz: Am oberen, südöstlichen Rand von Zakopane, bei der Kreuzung »Rondo«, bewacht.
Gehzeiten: Murowaniec – Czarny Staw ½ Std., Czarny Staw – Skrajny Granat 2 Std., Skrajny Granat – Zadni Granat ½ Std.; Gesamtgehzeit: 5 Std., mit Anmarsch und Rückkehr nach Kužnice 8½ Std.
Anforderungen: Bis zum Wandfuß ein erhaltener Steig, Aufstieg auf den ersten Gipfel steil, felsig, eine schwierige Stelle mit Klammern gesichert. Gratwanderung und Abstieg leicht. Die ganze Tour ist markiert.
Höchste Punkte: Skrajny Granat, 2225 m; Pośredni Granat, 2234 m; Zadni Granat, 2240 m.
Einkehrmöglichkeit: Unterwegs keine.

Den Granaty, einen breiten Berg mit drei Gipfeln, sieht man von der Schutzhütte Murowaniec im linken Teil der umliegenden südlichen Spitzen. Die berühmte und zudem schwierigste touristische Tour der ganzen Tatra, der sogenannte »Orla Perć« (Adlerpfad), führt von Svinica zum Sattel Krzyźne. Der leichteste Abschnitt auf dem Grat der drei Granaten-Gipfel bietet sich für unsere Wanderung an.

Von **Murowaniec** etwa 100 Meter südwestlich zum Wegweiser und nach links (blaue Markierung) an das Nordufer des **Sees Czarny Staw**. Von da wieder links, am See entlang, nach 800 Metern noch einmal links und auf gelb markiertem Steig schräg empor zur Mündung einer markanten Schuttrinne (siehe Bild). Wir folgen der Rinne nach rechts zu den Felsen der Westrippe des Skrajny Granat. Über Felsplatten (Schlüsselstelle) gelangen wir auf den Rücken der Westrippe und entlang dieser in vielen kurzen Kehren zum Gipfel des **Skrajny Granat**. Weiter (rote Markierung) in südlicher Richtung, schon ohne Schwierigkeiten, über den mittleren Gipfel zum höchsten, dem **Zadni Granat**.

Die drei Granaty-Spitzen, von Westen gesehen.

Der Abstieg erfolgt zuerst in der bisherigen Richtung, nach 200 Metern rechts ab (grüne Markierung) am Südwesthang bergab, später auf gelb und schließlich blau markiertem Steig zum Ausgangspunkt.

49 Kościelec, 2155 m

Ein kühner Gipfel für anspruchsvolle Hochtouristen

Murowaniec – Czarny Staw – Karb – Kościelec – Murowaniec

Talort: Zakopane, 900 m.
Ausgangspunkt: Schutzhütte Murowaniec, 1500 m, erreichbar von Kuźnice (vom Parkplatz in Zakopane südlich 2 km; Busverbindung) in 2 Std.
Parkplatz: Am oberen, südöstlichen Rand von Zakopane, bei der Kreuzung »Rondo«, bewacht.
Gehzeiten: Murowaniec – Czarny Staw ½ Std., Czarny Staw – Sattel Karb ¾ Std., Sattel Karb – Kościelec 1 Std., Abstieg 1¾ Std.; Gesamtgehzeit: 4 Std., mit Anmarsch und Rückkehr nach Kuźnice 7½ Std.
Anforderungen: Zum Sattel Karb ein erhaltener Steig, Aufstieg zum Gipfel teilweise Felsen, mit zwei Kletterstellen im Schwierigkeitsgrad I, die aber ohne Seilsicherung zu bewältigen sind. Die Tour ist markiert.
Höchster Punkt: Sattel Karb, 1853 m; Kościelec, 2155 m.
Einkehrmöglichkeit: Unterwegs keine Einkehrmöglichkeit.

Der Kościelec, eine steile Felspyramide, ist die markanteste Spitze im südlichen Panorama über unserem Ausgangspunkt. Sein Nordgrat, in dem der Sattel Karb liegt, teilt das Tal Gąsienicowa Dolina in zwei Nebentäler: durch das östliche führt unser Aufstieg, durch das westliche der Abstieg.
Von der **Schutzhütte Murowaniec** etwa 100 Meter südwestlich zum Wegweiser und nach links (blaue Markierung) an das Nordufer des **Sees Czarny Staw**. Hier rechts (grüne Markierung) steil empor auf den Grat Maly Kościelec

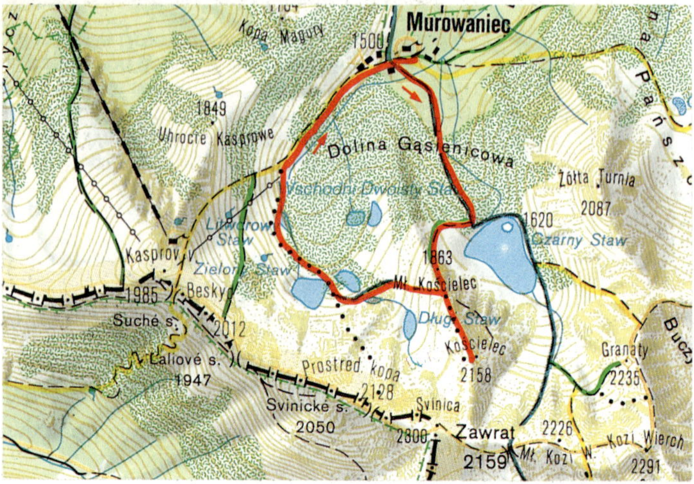

Der Kościelec von Westen.

und auf diesem entlang, leicht absteigend, zum **Sattel Karb**. Über dem Sattel erweitert sich der Nordgrat zu einem breiten Plattenhang mit zwei steileren Querstufen. Die erste Stufe ist die schwierigste Stelle der ganzen Tour. Vom Sattel, der schwarzen Markierung folgend, sollte man sich überwiegend näher zum linken Rand des Hanges halten.

Vom **Gipfel** erfolgt der Abstieg auf demselben Weg nur bis zum Sattel Karb. Weiter links und in westlicher Richtung bergab auf blau markiertem Steig zwischen mehreren Seen (gute Rastplätze), vom See Zielony Staw auf schwarz markiertem Steig zum Ausgangspunkt.

50 Svinica, 2301 m

Über den Tatra-Hauptkamm auf den polnischen Modeberg

Kasprov vrch – Suché sedlo – Svinicové sedlo – Svinica

Die Spitze Svinica von Osten. Rechts der Sattel Zawrat, links der Sattel Hladké sedlo.

Talort: Zakopane, 900 m.
Ausgangspunkt: Kuźnice, 1000 m, Talstation der Seilbahn zum Kasprov vrch (polnisch: Kasprowy Wierch). Vom Parkplatz in Zakopane 2 km in südlicher Richtung. Busverbindung.
Parkplatz: Am oberen, südöstlichen Rand von Zakopane, bei der Kreuzung »Rondo«, bewacht.
Gehzeiten: Fahrt mit der Seilbahn 20 Min., weiter über den Grat bis zum Sattel 1 Std., Aufstieg zum Gipfel Svinica 1 Std., Abstieg zur Schutzhütte Murowaniec 2 Std., nach Kuźnice noch 1½ Std.; Gesamtgehzeit: 6 Std.
Anforderungen: Von der Bergstation Steig bis zum letzten Sattel, Aufstieg auf den Gipfel Svinica felsig, eine schwierige Stelle mit eisernen Klammern versichert. Die ganze Tour ist markiert.
Höchste Punkte: Kasprov vrch, 1985 m; Svinicové sedlo, 2050 m; Svinica, 2301 m.
Einkehrmöglichkeiten: Seilbahn-Bergstation, beim Abstieg Hütte Murowaniec.

Der Svinica ist ein mächtiger und von Westen der erste felsige Berg im Hauptkamm der Hohen Tatra.
Von der **Bergstation** der Seilbahn in südlicher Richtung etwa 150 Meter zum Hauptkamm, den unser Steig im **Sattel Suché sedlo** (= Sucha Przelecz) erreicht. Wer statt unserer Tour nur einen Spaziergang unternehmen möchte, kann von hier bequem in 1 Std. zur Hütte Murowaniec absteigen (gelb markiert). Unsere Tour führt weiter in südöstlicher Richtung, dem Hauptkamm folgend, mit roter Markierung ständig entlang der Staatsgrenze, teils auf polnischem, teils auf slowakischem Gebiet, über den **Berg Beskyd**, 2012 m, den **Sattel Ľaliové sedlo**, 1947 m, und zwei felsige Kuppen bis zum Sattel Svinicové sedlo (= Swinicowa Przelecz). Hinter dem Sattel zuerst in bisheriger

Richtung empor, weiter oben zweigt der Pfad rechts ab, südlich umgeht man den niedrigern NW-Gipfel, überschreitet eine Felsrinne und steigt auf eine luftige Bank herab (Klammern). Weiter empor durch die Scharte einer Felsrippe, genannt »Wrótka« (= Türchen), auf die Seite des Tales Dolina Pieciu Stawów Polskich. Auf einem felsigen Hang bergauf und dem Steig folgend, der von Osten aus dem Zawrat heraufkommt, schräg nach links auf den **Hauptgipfel**. – Der Abstieg erfolgt auf demselben Weg bis zum Sattel Svinicové sedlo. Von dort in nördlicher Richtung auf dem schwarz markierten Steig hinab zur Hütte Murowaniec. Weiter nach Kuźnice siehe Tour 47.

Stichwortverzeichnis

Die Zahlen hinter den Begriffen geben die Seitenzahlen an.